ספר
עץ חיים
לרבינו
חיים ויטאל ז"ל
שקיבל ממרן האר"י זלה"ה
שער דרושי נקודות
שער ז' פרק ה'
דט"ל ע"א – דט"ל ע"א
תש"פ
SimchatChaim.com
בהוצאת
שמחת חיים

בס"ד

הקדמה

ירפא המאציל **ויושיע ה**בורא את כל חולי בני ישראל, וישלח להם רפואה שלימה, רפואת הנפש ורפואת הגוף, בכל אבריהם ובכל גידיהם לעבודתו יתברך.

בי"ב במנחם אב תשס"ה, הובהלתי לבית החולים, הרופאים לא נתנו לי סיכוי לחיות יותר מכמה שעות בגלל מספר תסבוכות. עם כל זאת בזכות התפילות של בני ישראל הקדושים, ברחמיו הרבים, ריחם עלי הקדוש ברוך הוא, ונשארתי בחיים.

עם כל זאת, הובחנה אצלי מחלה קשה בכליות, ונאמר לי שהצטרך למכונת דיאליזה. בשבילי זה היה שוק!!! אף פעם לא הייתי אצל רופא, או בבית חולים. כך בעל כרחי התחברתי למכונת דיאליזה, ומכונה זאת הייתי[1] קשורה בי ככלב במשך שמונים חודשים בדיוק, כמנין **יסוד**, במשך 10-12 שעות ביום.

בשבת פרשת **ויחי יעקב** י"ב טבת תשע"ב, בזכות בני ישראל, שכולם אהובים כולם ברורים כולם גיבורים כולם קדושים... וכולם פותחים את פיהם באהבה שלוש פעמים ביום, ואומרים - **ברוך אתה... רופא חולי עמו ישראל**, וכללותם כל האברכים, תלמידי הישיבות, רבנים וחכמים, חסידים, מקובלים עם תינוקות של בית רבן, זקנים עם נערים, בחורים וגם בתולות, בארץ הקודש ובעולם. ומצד שני בנות ישראל היקרות מפז, שהתפללו וקבלו עליהם כל מיני קבלות, מהפרשת חלה עד צניעות וכיסוי הראש, עם הרבנים, המנהלים, המורים, המורות **והתלמידות של בית יעקב דטורונטו** שכל יום התפללו, וכללו בתפילתם שבקעה את כל הרקיעים אותי, ונושעתי אני הקטן. הושתלה בי כליה. והתנתקתי ממכונת הדיאליזה.

אמר המלך דוד - לולי[2] תורתך שעשעי אז אבדתי בעניי. מה שנתן לי חיות היא התורה הקדושה, בשעות הרבות שהיתי מחובר למכונת הדיאליזה)כ12 שעות ביום(, ערכתי סדרתי וכתבתי במחשב את קונטרסים שלמדתי במשך שנים. וקונטרסים אלו הפכו לחיבור, ואחרי התלבטויות ובקשות מבני גילי, החלטתי בעזרתו יתברך להדפיס קונטרסים אלו.

ידוע הוא כי כל דברי האר"י זלל"ה ותלמידיו נאמן ביתו, רבינו חיים ויטאל הם סתומים וחתומים באלפי שרשראות ומנעולים, והרב ז"ל גַלָה טפח וכיסה אלפים אמה, וכלל דבריהם הוא משלים, עם כל זאת העוסק במשל פועל בעלמות העליונים בנמשל. לכן צריך זהירות גדולה לא להגשים את המשלים, בסוד המבואר בספר הזוהר הקדוש **ועלייהו אתמר** ועליהם נאמר - **ארור האיש אשר יעשה פסל ומסכה וגומר, ושם בסתר, מאי בסתר** מהו בסתר - **בסתרו דעלמא** בסתר העולם. **ובגין דא אמר קודשא הוא לא תעשון אתי** ומפני זה אמר הקדוש ברוך הוא לא תעשון אתי **אלה"י כסף ואלה"**י זהב, **והכי אוקמוה חבריא לא תעשון אתי כדמות שמשי שמשמשין אותי** וכך העמידוהו החברים לא תעשון אתי כדמות שמשי שמשמשים אותי **במרום, לצייריא בסתר דילי שום ציור או דמיון** לצייר בסתר שלי שום ציור או דמיון, **דכל מאן דצייר לעיל לקודשא בריך הוא** שכל מי שמצייר למעלה לקדוש ברוך הוא, **בסתר)דאיהי שכינתיה, כלילא מעשר**

---

[1] **גמרא סוטה ד"ג ע"ב** - גמרא סוטה ד"ג ע"ב – רבי אלעזר אומר, **קשורה בו ככלב**, שנאמר - ולא שמע אליה לשכב אצלה להיות. עמה לשכב אצלה בעולם הזה. להיות עמה לעולם הבא.

[2] **תהלים קי"ט צ"ב**

שער וז' פרק ה' דרושי נקודות

ספיראן שהיא שכינתו, כלולה מעשר ספירות(, **שום ציור, וצלם, ודמות, כגוונא דמצייירין בשמשין דיליה** שמצייירים בשמשים שלו, **נשמתיה אתלבשא בההוא צלמא** נשמתו מתלבשת באותו צלם.....

וכן הוא בסוף ענף ד' דשער ד' בספר עץ חיים שער ההקדמות, וז"ל הטהור - ואמנם דבר גלוי הוא כי אין למעלה גוף ולא כח גוף חלילה. וכל הדמיונות והציורים אלו לא מפני שהם כך חס ושלום. אמנם **לשכך את האוזן** לכשיוכל האדם להבין הדברים העליונים, הרוחניים, בלתי נתפסים, ונרשמים בשכל האנושי. לכן ניתן רשות לדבר בבחינת ציורים ודמיוניים, כאשר הוא פשוט בכל ספרי הזוהר. וגם בפסוקי התורה עצמה כולם כאחד עונים ואומרים בדבר הזה, כמו שאמר הכתוב עיני הוי"ה המה משוטטים בכל הארץ. עיני הוי"ה אל צדיקים. וישמע הוי"ה. וירח הוי"ה. וידבר הוי"ה. וכאלה רבות. וגדולה מכולם מה שאמר הכתוב - ויברא אלהי"ם את האדם בצלמו בצלם אלהי"ם ברא אותו זכר ונקבה וגו'. **ואם התורה עצמה דברה כך** גם אנחנו נוכל לדבר כלשון הזה, עם היות שפשוטו הוא שאין שם למעלה אלא אורות דקים בתכלית הרוחניות, בלתי נתפשים שם כלל, וכמו שאמר הכתוב - כי לא ראיתם כל תמונה, וכאלה רבות. ואמנם יש עוד דרך אחרת כדי להמשיך ולצייר בה הדברים העליונים, והם בחינת כתיבת צורת אותיות, כי כל אות ואות מורה על אור פרטי עליון, וגם תמונת זו דבר פשוט הוא כי אין למעלה לא אות ולא נקודה, **וגם זה דרך משל וציור לשכך את האוזן** כנזכר......

ולכן כל המבואר כאן בחיבור זה הוא כדי **לשכך את האוזן**. והתרשימים שבסוף החיבור הם כדי **לשבר את העין**, לכן אין שום ביאור והסבר שלם, ואין שום תרשים שלם בתכלית השלמות.

ידוע כי[3] דברי תורה עניים במקומן ועשירים במקום אחר, **ועל אחת כמה וכמה** בדברי הרב ז"ל, שכל סוגיה חסרה[4] במקומה, וחלקיה מפוזרים במקומות אחרים. **זאת ועוד** הרב ז"ל מערבב בדרוש אחד כמה וכמה סוגיות, כאשר בפשטות דבריו נראה שכל הדרוש הוא דרוש אחד, ולא מחולק לסוגיות שונות, ושמעות שונות, **ביאור** דברי הרב ז"ל כאן הם **בעומק, והוא בעצם ליקוט** עד איפה שידי הקצרה הגיעה, מכל חלקי ספר עץ חיים, ושמונה השערים המצוינים לרב ז"ל, מבוא שערים ושאר ספרי הרב ז"ל, והוא גם על פי הקדמת רחובות הנהר למרן הרש"ש, דרושי פנימיות וחיצוניות, דרוש הדעת, סוגיות ערכין, סוגיות דכללות והתכללות, פרטות וכללות, וסוגיות עובי ואורך, ועל פי ביאור גדולי רבותינו חכמי המקובלים לדורותם זלה"ה זי"ע.

ידוע כי[5] אין בר בלי תבן, כך אין ספר בלי טעויות, ועוד יודע אני כי ועני אני, **ואין**[6] **עני אלא בדעה**. לכן מבקש אני בכל לשון של בקשה אם יש לכל אחד שאלות, הערות, הארות, תיקונים, נא לשלוח ל - book@simchatchaim.com והשתדל לענות, ולתקן את הצריך תיקון.

בברכה והצלחה בלימוד התורה הקדושה

ובעיקר בפנימיות התורה, תורת האר"י החי"י.

ורפואה שלימה לכל חולי ישראל.

אח"י

---

3 **גמרא ירושלמי, ראש השנה פ"ג הלכה ה' די"ז ע"א** – דברי תורה עניים במקומן, ועשירים במקום אחר.

4 **תורת חכם דע"ב ע"ב** – חסר לשון הוא, כמו שיראה המעיין.

5 **גמרא ברכות נ"ה א'** - מה לתבן את הבר נאם ה', וכי מה ענין בר ותבן אצל חלום, אלא אמר ר' יוחנן משום ר' שמעון בן יוחאי, כשם שאי אפשר לבר בלא תבן, כך אי אפשר לחלום בלא דברים בטלים.

6 **גמרא נדרים מ"א ע"א** – אין עני אלא בדעה.

ב"ה

הקדמה קצרה לחיוב לימוד תורת הקבלה

ישמחו השמים **ותגל הארץ** ירעם הים ומלאו. שזכינו בדור שלנו שפנימיות התורה, שהיא היא תורת הקבלה, מתפשטת לכל, וכל מקום בעולם היום לומדים בתורת הח"ן. הדור שלנו יש הרבה התעוררות ללמוד סתרי התורה הקדושה, הנקראת חכמת הקבלה. בירושלים של המאה ה18 בישיבת **בית אל** היו בקושי מנין של מקובלים, והיום תורת הקבלה מופצת בכל מקום בארץ ובעולם. לעניות דעתי אחת הסיבות העיקריות לשינוי זה הוא רצונם של בני התורה, החוזרים בתשובה ועמך לדעת את סוד החיים, למה ברא הקדוש ברוך הוא את העולם, ואת טעמי המצות, ר"ל אי אפשר היום בדור שלנו, להסביר על פי הפשט את הסיבה מדוע אסור לאכול בשר וחלב, מדוע צריך להניח תפילין, למה לשמור דווקא שבת ולא יום שלישי, אי אפשר להגיד כל הזמן **זאת גזרת הכתוב, כך רוצה הקדוש ברוך הוא**, האנשים מחפשים הסברים למצות, לסיפורי התנ"ך, לגלגולי נשמות, ועוד. ורק על ידי עסק בפנימיות התורה, אדם מסיג את ההסברים לקושיות שיש לו. **זאת ועוד** חיים אנחנו בדור של חומריות, והאנשים מחפשים את הרוחניות שבחיים, אז מה עושים, נוסעים למזרח, להודו, סין, תאילנד למצוא רוחניות, ולא יודעים **ששורש כל הרוחניות בעולם נמצאת בתורה הקדושה**, עם כל זאת כאשר הלומד את פשט התורה, **הוא לא מכיר** את הקדוש ברוך הוא, והוא בלי יראת שמים ושמחה אמתית. כותב הרב המקובל האלוה"י רבינו יהודה פתייה בפרושו הנפלא על עץ חיים - כי לימוד עץ חיים הוא עמוק מאד מאד, כי הוא **מים שאין להם סוף**, והוא קשה מאד גם לחכמים ההוגים בו תמיד, וכל שכן למתחילים. כי הוא חזק מצור, וקשה מברזל, שאי אפשר לחצוב ממנו מאומה, אם לא על ידי כלי מחצב חזקים כציפורן שמיר. וכל המתחיל בלימוד עץ חיים, אם לא יהיה לו רב, או לפחות איזה מפרש המפרש לו כוונת הפרק ההוא לפי פשוטו, נבול יבול, ואינו יכול לעמוד על הפרק כי אם לאחר יגיעה רבה, ושקידה עצומה, וכולי האי ואולי. כי הרבה פעמים יסבור המעיין שהבין העניין ההוא כראוי, ואחר שילמוד עוד איזה פרקים אחרים, ירגיש כעצמו שלא הבין את פרקים הקודמים, והניסיון יעיד על זה, עד כאן דברי קודשו. עם כל זאת חייב כל אדם לעסוק בתורת החיים.

צדיק אתה הוי"ה וישר משפטיך. כתב הרב רבינו חיים ויטאל ז"ל בהקדמה לשער ההקדמות - והנה מה שכתב בתחילת דבריו, ואפילו כל אינון דמשתדלי באורייתא כל חסד דעבדי לגרמייהו וכו', עם היות שפשטו מבואר ובפרט בזמנינו זה, בעוונותינו היום אשר התורה נעשית קרדום לחתוך בה אצל קצת בעלי תורה, אשר עסקם בתורה על מנת לקבל פרס, והספקות יתירות, וגם להיותם מכלל ראשי ישיבות, ודיני סנהדראות, להיות שמם וריחם נודף בכל הארץ, **ודומים במעשיהם לאנשי דור הפלגה הבונים מגדל וראשו בשמים**, ועיקר סיבת מעשיהם היא מה שאמר אחר כך הכתוב - **ונעשה לנו שם**... והנה על הכת הזאת אמרו בגמרא כל העוסק בתורה שלא לשמה, נוח לו שנהפכה שלייתו על פניו, ולא יצא לאויר העולם. ואמנם האנשים האלה מראים תימה וענוה באמרם כי כל עסקם בתורה הוא לשמה. והנה החכם הגדול התנא רבי מאיר ע"ה העיד עליהם שלא כך הוא, באומרו לשון כללות - כל העוסק בתורה

לשמה זוכה לדברי הרבה וכו', **ומגלים לו רזי תורה, ונעשה כנהר שאינו פוסק**, והולך וכמעיין המתגבר מאליו, בלתי הצטרכו לטרוח ולעיין בה, ולהוציא טיפין טיפין של מימי התורה מן הסלע, הנה זה יורה שאינו עוסק בתורה לשמה כהלכתה, ומי זה האיש אשר לא יזלו עיניו דמעות בראותו המשנה הזאת, **ורואה חסרונו ופחיתותו**, עד כאן לשונו. לכן כל אחד צריך לטעום מעץ החיים.

חצות לילה אקום להודות לך על משפטי צדקך. כתב רבינו אליהו מני זצ"ל רבו של הרי"ח הטוב, בספרו הקדוש כסא אליהו שער ד' וז"ל - ואם זיכך הוי"ה ללמוד בחכמת האמת, הנה עצה היעוצה היא שכל סדר הלימוד בנגלה תתנהג בו ביום דווקא. **אבל בלילה תלמוד בחכמת האמת, והעיקר הלימוד אחר חצות**, כי זה הלימוד צריך ישוב דעת הרבה, וכשיקוץ האדם אז דעתו מיושבת עליו יותר. גם גה הלימוד צריך הסתר והצנע, **וכל דבר שיהיה בלילה ובפרט אחר חצות יהיה נסתר יותר מן היום**. ותעשה ועד עם החברים בבית המדרש אם הוא צנוע, **או בביתך ותלמדו בכל לילה**, עד כאן לשונו. וישב ללמוד האדם בלילה תחת עץ החיים.

קראתי בכל לב ענני הוי"ה חקיך אצרה. בהקדמה[7] לשער ההקדמות מבאר הרב ז"ל - ואמנם אל יאמר אדם אלכה לי ואעסוק בחכמת הקבלה, מקודם שיעסוק בתורה במשנה ובתלמוד, כי כבר אמרו רבינו ז"ל - אל יכנס אדם לפרדס **אלא אם כן מלא כריסו בבשר ויין**, והרי זה דומה לנשמה בלתי גוף, שאין לה שכר ומעשה וחשבון, עד היותה מתקשרת בתוך הגוף, בהיותו שלם מתוקן במצות התורה בתרי"ג מצות. **וכן בהפך** בהיותו עוסק בחכמת המשנה והתלמוד בבלי, ולא ייתן חלק גם אל סודות התורה וסתריה, כי **הרי זה דומה לגוף היושב בחושך**, בלתי נשמת אדם נר הוי"ה המאירה בתוכה, **באופן שהגוף יבש בלתי שואף ממקור חיים**, אשר זהו ענין אומרו במקום אחר ההוא הנזכר לעיל וז"ל - דאילין אינון דעבדי לאורייתא יבשה, ולא בעאן לאשתדלא בחכמת הקבלה וכו'. באופן כי התלמידי חכמים העוסקים בתורה לשמה, ולא לשמו, לעשות לו שם. צריך שיעסוק בתחילה בחכמת המקרא, והמשנה, והתלמוד, כפי מה שיוכל שכלו לסבול. ואחר כך יעסוק לדעת את קונו בחכמת האמת, וכמו שציוה דוד המלך ע"ה את שלמה בנו - דע את אלה"י אביך ועבדהו. ואם האיש הזה יהיה כבד וקשה בענין העיון בתלמוד, מוטב לו שיניח את ידו ממנו, אחר שבחן מזלו בחכמה זאת, ויעסוק בחכמת האמת. וזה שמבואר כל תלמיד חכם שאינו רואה סימן יפה בתלמוד בחמשה שנים, שוב אינו רואה, עד כאן דברי קודשו. ומזה כל אחד ואחד חייב להדבק במקור החיים.

חסדך הוי"ה מלאה הארץ חקיך למדני. בשער הגלגולים, בקדמה ט"ז כתב הרב ז"ל - עוד צריך שתדע, כי האדם צריך לקיים כל התרי"ג מצות, במעשה, ובדבור, ובמחשבה. וכמו שאמרו ז"ל על פסוק - זאת התורה לעולה ולמנחה וכו', כל העוסק בפרשת עולה, כאלו הקריב עולה וכו'. וכוונו בזה שהאדם מחוייב לקיים כל התרי"ג מצות בדבור, וכן על דרך זה במחשבה. ואם לא קיים כל התרי"ג בשלשה בחינות הנזכרות, מחוייב להתגלגל עד שישלים אותם. **עוד דע**, כי האדם מחויב לעסוק בתורה בארבעה מדרגות, **שסימנם פרד"ס**, והם, פשט, רמז, דרוש, סוד וצריך שיתגלגל עד שישלים אותם. ובהקדמה י"ז כותב הרב ז"ל, וז"ל -

---

ע"ח ד"א ע"ד.

שער ז׳ פרק ה׳ דרושי נקודות

שהאדם **מחוייב לעסוק בתורה בארבעה מדרגות שבה**, והיא זאת, דע, כי כללות כל הנשמות
הם ששים רבוא ולא יותר. והנה התורה היא שרש נשמות ישראל, כי ממנה חוצבו, ובה
נשרשו. ולכן יש בתורה ששים רבוא פירושים, וכלם כפי הפשט. וששים רבוא ברמז. וששים
רבוא בדרש. **וששים רבוא בסוד.** ונמצא, כי מכל פירוש מן הששים רבוא פרושים, ממנו
נתהווה נשמה אחת של ישראל, ולעתיד לבא כל אחד ואחד מישראל, ישיג לדעת כל התורה
כפי אותו הפירוש המכוון עם שרש נשמתו, אשר על ידי הפירוש ההוא נברא ונתהווה כנזכר.
וכן בגן עדן אחר פטירת האדם, ישיג כל זה. וכן בכל לילה כאשר האדם ישן, ומפקיד נשמתו
ויוצאה ועולה למעלה, הנה מי שזוכה לעלות למעלה, מלמדים לו שם אותו הפירוש, שבו תלוי
שרש נשמתו. ואמנם הכל כפי מעשיו ביום ההוא, כך באותה הלילה ילמדוהו, פסוק אחד, או
פרשה פלונית, כי אז מאיר בו יותר פסוק ההוא משאר הימים. ובלילה האחרת יאיר בנשמתו
פסוק אחר, כפי מעשיו של אותו היום, וכולם על דרך הפירוש ההוא אשר תלויה בו שרש
נשמתו כנזכר, עד כאן דברי קודשו. ור"ל שכל יהודי ויהודי חייב להשיג את שורש נשמתו,
וללמוד את סוד החיים.

׳באוני רחמיך ואחיה כי תורתך שעשעי. מבואר במדרש משלי - אמר רבי ישמעאל, בוא וראה
כמה קשה יום הדין שעתיד הקדוש ברוך הוא לדון את כל העולם כולו בעמק יהושפט. בזמן
שתלמידי חכמים באים לפניו, אומר לכל אחד מהם - כלום עסקת בתורה, אמר לו הן, אומר לו
הקדוש ברוך הוא הואיל והודית, אמור לפני מה שקרית, ומה ששנית בישיבה, ומה ששמעת
בישיבה. מכאן אמרו - כל מה שקרא אדם יהא תפוש בידו, ומה ששנה כמו כן, שלא תשיגהו
בושה ליום הדין. מכאן היה רבי ישמעאל אומר - אוי הלה לאותה בושה, אוי לה לאותה
כלימה, ועל זה ביקש דוד מלך ישראל בתפילה ובתחנונים לפני המקום ואמר - הוי"ה בוקר
תשמע קולי בוקר אערך לך ואצפה. בא לפניו מי שיש בידו מקרא ואין בידו משנה, הקדוש
ברוך הוא הופך את פניו ממנו, ושרי גיהנם מתגברים בו כזאבי ערב, ונוטלין אותו ומשליכין
אותו לתוכה. בא לפניו מי שיש בידו שני סדרים או שלושה, אז הקדוש ברוך הוא אומר לו -
בני, כל ההלכות למה לא שנית אותם, ואם אומר הקדוש ברוך הוא הניחוהו, מוטב, ואם לאו
עושין לו כמידת הראשון. בא לפניו מי שיש בידו הלכות, הקדוש ברוך הוא אומר לו - בני,
תורת כהנים למה לא שנית, שיש בה טומאה וטהרה, וטומאת שרצים וטהרת שרצים, טומאת
נגעים וטהרת נגעים, טומאת נתקים ובתים וטהרת נתקים ובתים, טומאת זבים ולידה וטהרת
זבים ולידה, טומאת מצורע וטהרתו, סדר וויךוי יום הכיפורים, וגזירות שוות, ודיני ערכים,
וכל דין שדנו ישראל לא דנו אלא מתוכו. בא לפניו מי שיש בידו תורת כהנים, אומר לו הקדוש
ברוך הוא - בני, חמישה חומשי תורה למה לא שנית, שיש בהם קריאת שמע, ותפילין, ומזוזה.
בא לפניו מי שיש בידו חמישה חומשי תורה, אומר לו - בני, למה לא למדת הגדה, ולא שנית,
שבשעה שחכם יושב ודורש, אני מוחל ומכפר עוונותיהם של ישראל, ולא עוד אלא בשעה
שעונין אמן יהא שמיה רבה מברך, אפילו נחתם גזר דינם אני מוחל ומכפר להם עוונותיהם. בא
לפניו מי שיש בידו הגדה, אומר לו הקדוש ברוך הוא - בני, תלמוד למה לא שנית, שנאמר -
כל הנחלים הולכים אל הים והים איננו מלא, זה התלמוד, שיש בו חכמות הרבה. בא מי שיש
בידו תלמוד, הקדוש ברוך הוא אומר לו - בני, הואיל ונתעסקת בתלמוד, **צפית במרכבה,
צפית בגאוה,** שאין הנייה בעולמי, אלא בשעה שתלמידי חכמים יושבים ועוסקים בתורה,
מציצין ומביטין ורואין והוגין המון התלמוד הזה - **כסא כבודי היאך הוא עומד. רגל
הראשונה במה היא משמשת, שנייה במה היא משמשת, שלישית במה היא משמשת,**

5

רביעית במה היא משמשת, חשמל היאך הוא עומד, ובכמה פנים הוא מתהפך בשעה אחת, לאי זה רוח הוא משמש, הברק היאך הוא עומד, כמה פנים של זוהר נראין בין כתפיו, לאיזה רוח משמש, כרוב היאך הוא עומד, לאי זה רוח הוא משמש. גדולה מכולם עיון כיסא הכבוד, היאך הוא עומד, עגול הוא כמין מלבן, ומתוקן הוא, כמה גשרים יש בו, כמה הפסק בין גשר לגשר, וכשאני עובר באיזה גשר אני עובר, ובאי זה גשר האופנים עוברים, ובאיזה גשר הגלגלים עוברים. גדולה מכולם מצפורבי ועד קודקודי, היאך אני עומד, כמה שיעור בפיסת ידי, וכמה שיעור אצבעות רגלי. גדולה מכולם כיסא כבודי, היאך הוא עומד, לאיזה רוח הוא משמש, באחד בשבת לאיזה רוח הוא משמש, בשני בשבת לאיזה רוח הוא משמש, בשלישי בשבת לאיזה רוח הוא משמש, ברביעי בשבת, בחמישי בשבת, בששי בשבת לאיזה רוח משמשין, וכי לא זהו הדרי, זהו גדולתי, זהו הדר יופי, שבניי מכירין את כבודי במידה הזאת. ועליו אמר דוד - מה רבו מעשיך הוי"ה, כולם בחכמה עשית, מלאה הארץ קנייניך. עד כאן לשון המדרש. ממדרש זה לומדים על חובת כל אחד ואחד מישראל את לימוד כל חלקי הפרד"ס, ובעיקר את בחינת הסוד שבתורה, הנקרא[8] מעשה מרכבה, ובמעשה בראשית. ומבאר הרב בית לחם יהודה על השינוי שיש בפסוקים במעמד הר סיני, בפסוק אחד כתוב - ויחן שם **ישראל** תחת ההר. ומספר פסוקים יותר מאוחר כתוב וירא **העם** וינועו מרחק. וידוע כי כאשר כתוב בתורה **ישראל**, מדובר **בבני ישראל**, וכאשר כתוב **העם**, מדובר על **הערב רב**. וז"ל הרב בית לחם יהודה - ובזוהר בהעלותך דף קנ"ב ע"א קרי להעוסקים בחכמת האמת, אינון דהוי קיימי בטורא דסיני. וז"ל - חכמין עבדי דמלכא עלאה אינון דקיימו בטורא דסיני, לא מסתכלי אלא בנשמתא, דאיהי עיקרא דכלא אורייתא ממש וכו'. ונראה בעיני אם מותר, משמע אותן שאינן יודעים סודות התורה לא עמדו על הר סיני, עד כאן לשונו. ונראה לי בביאור כוונתו כי בתחלה כשיצאו ישראל לקראת האלהי"ם, היו מתייצבים בתחתית ההר, ואחר כך נאמר וירא העם וינועו ויעמדו מרחוק, כי היו יראים פן תאכלם האש הגדולה הזאת וימיתו. והיה מקצת מהעם שהיו ששים ושמחים לקראת השכינה, ולא רצו לזוז ממקומם הראשון, ולעמוד מרחוק, אפילו אם ימיתו ממש. ועליהם הוא מה שכתב בזוהר הנזכר - אינון דקיימו בטורא דסיני, כלומר ולא נעו ועמדו מרחוק, אלא עמדו בטורא דסיני מתחלה ועד סוף, ולכן הם זוכים לחכמת האמת. ואותם הנשמות אשר נעו עם העם ועמדו מרחוק, כן הם עושים גם עתה, שנסים ועומדים מרחוק לחכמת האמת מיראתם, פן תאכלם האש הגדולה הזאת. ולכן על כל אחד ואחד מבני ישראל הקדושים מחויב לעמוד תחת עץ החיים.

יראיך יראוני וישמחו כי לדברך יחלתי. בספר הזוהר הקדוש מבואר מדוע התפילות של בני ישראל לא נענות, וז"ל תיקוני הזוהר תיקון מ"ג - **בראשית תמן את"ר יב"ש** במלת בראשית יש אותיות את"ר יב"ש, **ודא איהו ונהר יחרב ויבש** היסוד הנקרא נהר יחרב ויבש ממי השפע, ואין לו מה להשפיע למלכות, **בההוא זמנא דאיהו יבש** באותו הזמן שהיסוד הוא יבש, **ואיהי יבשה** המלכות הנקראת יבשה, היא יבשה כי לא מקבלת שפע מהיסוד, אז כאשר **צווחין בנין לתתא** מתפללים וצועקים בני ישראל, **ביחודא ואמרין** וביחוד שאומרים בני ישראל **שמע ישראל** שיבא ז"א הנקרא ישראל להתיחד עם נוקבא בשעת התפילה דעמידה, עם כל זאת **ואין קול** של התפילה או הקריאת שמע שעוזרים לזיווג דזו"ן **ואין עונה** ואין מי

שיענה וימלא את הבקשות בתפילתם. **הדא הוא דכתיב** וזהו שכתוב - **אז** בני ישראל **יקראונני** בני ישראל בעת צרתם בקריאת שמע ובתפילה, **ולא אענה** ואני לא אענה אותם בתפלתם, מפני שלא לומדים ומתעסקים בפנימיות התורה. **והכי מאן דגרים דאסתלק** וכל שגורם הסלקות פנימיות תורת **הקבלה וחכמתא מאורייתא דבעל פה ומאורייתא דבכתב** מהתורה שבעל פה והתורה שבכתב, **וגרים דלא ישתדלון בהון** וגורמים גם לאחרים שלא יתעסקו וילמדו את חכמת הקבלה, **ואמרין דלא אית אלא פשט באורייתא ובתלמודא** ואומרים שאין בתורה ובתלמוד אלא פשט התורה, בלי פנימיות הסוד, **בודאי כאלו הוא יסלק נביעו מההוא נהר** בודאי נחשב לו כאילו הוא מסתלק את נביעת שפע החכמה והבינה מן היסוד, **ומההוא גן** ומן הנוקבא הנקראת גן, **ווי ליה** לאותו יהודי **טב ליה דלא אתברי בעלמא** טוב לו שלא היה נברא, **ולא יוליף ההיא אורייתא דבכתב ואורייתא דבעל פה** ולא היה לומד תורה שבכתב ותורה שבעל פה, כי דינו כעם הארץ שלא למד כלל, ועוד **דאתחשב ליה כאלו אחזר עלמא לתהו ובהו** שנחשב לו כאילו החזיר את העולם לתהו ובהו, ר"ל לסוד שבירת הכלים לפי שמגביר הקליפות כאשר הנהר והגן יבשים, **וגרים עניותא בעלמא ואורך גלותא** וגורם עניות בעולם ומאריך את הגלות השכינה וביאת המשיח. עד כאן דברי הזוהר הקדוש. וכותב רב חיים ויטאל זלה"ה בהקדמה וז"ל - אמנם שעשועות של הקדוש ברוך הוא בתורה, והיותו בורא בה את העולמו, היתה בהיותו עוסק בתורה בבחינת הנשמה הפנימית שבה, הנקרא - רזי תורה, הנקרא מעשה מרכבה, **היא חכמת הקבלה** כנודע אל היודעים, וטעם הדבר הוא להיותו עולם האצילות העליון מאד, טוב ולא רע, דלא יכיל להתערבא עמיה קליפה, ועליה אתמר - וכבודי לאחר לא אתן, כנזכר בספר התיקונין דף ס"ו תיקון י"ח, וכן בספר הזוהר בפרשת בראשית דף כ"ח ע"א עיין שם. ולכן גם התורה אשר שם **[אח"י** - בעולם האצילות] איננה רק מופשטת מכל לבושי הגופנים, מה שאין כן למטה בעולם היצירה, עולם דמטטרו"ן, הנקרא עבד טוב, והוא הנקרא עץ הדעת טוב מסטרא, ומסטרא דסמא"ל שהוא קליפין דיליה, **נקרא עבד רע**, כי התורה אשר שם, הם שית סדרי משנה **הנקראים שפחה** כנזכר לעיל, וכנזכר בפרשת בראשית שם דף כ"ז ע"א. ולכן נקראת משנה, לפי ששם יש שינויים הפוכים **טוב מסטרא דעבד טוב**, היתר, כשר, טהור. **רע מסטרא דעבד רע**, איסור, טמא, פסול. גם הוא מלשון כי מרדכי היהודי משנה למלך, שהיה שפחה הנקרא עבד מלך, מלך גם נקרא מלשון שינה, כנזכר בפרשת פינחס דף רמ"ד ע"ב - קם זמנא תנינא ואמר, מארי מתניתין נשמתין ורוחין ונפשין דילכון אתערו כען ואעברו שינתא מניכון דאיהו, ודאי משנה אורח פשט, דהאי עלמא ואנא לא אתערנא בכו, אלא ברזין עילאין דעלמא דאתי דאתון בהון, לא ינום ולא יישן. וזה יובן במה שמבואר יותר למעלה שם - **ורבנן דמתניתין ואמוראי, כל תלמודא דלהון על רזין דאורייתא סדרו ליה**. ונמצא כי המשנה והש"ס הם הנקרא גופי תורה. והנה דבריהם כחלום בלי פתרון, **ורזיה וסתריה הפנימים הנקרא נשמת התורה, הם הם פתרון החלום הנפתר בהקיץ**, בסוד - אני ישנה ולבי ער, וכמו[9] שאמרו חכמים ז"ל - **במחשכים הושיבני כמתי עולם, זה תלמוד בבלי**, אשר איננו מאיר אלא על ידי ספר הזוהר, **הם הם רזי תורה וסתריה** אשר עליהם נאמר - ותורה אור. ואין ספק כי כמו שהיצר נקראת עבד ושפחה בערך האצילות, ונקרא קליפין ולבושין דחול, כנזכר בהקדמת ספר התיקונין ד"ג ע"ב וז"ל - וביומי דחול לביש עשר כתות דמלאכיא דמשמשי לעשר ספירות דבריאה. ואם כן אין לתמוה כי התורה אשר שם

שהיא המשנה, תהיה נקרא שפחה וקליפין דתורה דאצילות, וזה סוד כל הבשר חציר הנזכר לעיל במאמר הראשון, כי כמו שהחטה שהיא בגימטריא כמנין כ"ב אותיות התורה, הגנוזה תוך כמה קליפין ולבושין שהם הסובין והמורסן והתבן והקש והעשב, הנקרא חציר, כן המשנה אצל סודות התורה נקרא חציר, וזה נרמז בספר הזוהר פרשת כי תצא ברעיא מהמנא דף רע"ה ע"ב - **אצל רבנן ווי לאינון דאכלין תבן דאורייתא, ולא ידעי בסתרי אורייתא, אלא קלין וחמורין דאורייתא, קלין אינון תבן דאורייתא, וחמורין אינון חטה דאורייתא, ח"ט ה' אלנא דטוב ורע וכו'**. ואלו באתי להרחיב דרוש זה לא יספיקו מאה קונטרסין בלי ספק בלי שום גוזמא, האמנם החכם עיניו בראשו כי דברי אמת אני אומר, ואל יתמה האדם בראותו ספר הזוהר איך קורא אל המשנה שפחה וקליפין, כי עסק המשנה כפי פשטיה, **אין ספק שהם לבושין וקליפין חיצונים בתכלית אצל סודות התורה הנגנזים**, ונרמזים בפנימיותה כי כל פשטיה הם בעלם הזה בדברים חומרים תחתונים..... על כן על כל בני ישראל לאכול מעץ החיים.

מה אהבתי תורתך כל היום היא שיחתי. ומבאר הרב ז"ל בהקדמה לשער המצות, כי עסק לימוד פנימיות התורה הוא חלק בלתי נפרד מתלמוד תורה, וז"ל - גם בענין עסק התורה שהיא אחת מרמ"ח מצות עשה, אם לא השלים אותה, **שהוא ענין עסקו בפרד"ס התורה**, שהוא ראשי תיבות **פשט רמז דרש סוד**, בכל בחינה מהם כפי אשר יוכל להסיג, **עד מקום שידו מגעת**, לטרוח ולעשות לו רב שילמדנו. ואם לא עשה כן, הרי חסר מצוה אחת של תלמוד תורה, שהיא גדולה ושקולה ככל המצות, וצריך **להתגלגל** עד שיטרח הארבעה בחינות של פרד"ס כנזכר. וכן מבאר הרב בית לחם יהודה בהקדמתו הקדושה, וז"ל - ומה מאד נמלצו [**אח**"**י** - מלשון מליצה] בזה דברי הנביא ירמיה (סימן כ"ב) באומרו - אל תבכו למת וכו'. שהוא מדבר עם הציבור המתקבצים להספיד על איזה צדיק הנפטר רח"ל, על שנחסר צדיק אחד מהדור שהיה מנין בזכותו עליהם. וקאמר להו הנביא אל תבכו וכו', **לפי שרובם של צדיקים אינם זוכים לעסוק בכל ארבעה חלקי הפרד"ס, ואם כן מוכרחים הם לחזור ולבוא בגלגול כדי להשלים לימודם בארבעה חלקים**, כי אפילו הוא עסק בשלוש חלקי הפרד"ס, לא יצא ידי חובתו, ועליו נאמר הן כל אלה יפעל א"ל פעמים שלש עם גבר, להחזירו בגלגול. ואם כן הוא פסידא דהדרא. ואפשר שבו ביום שנפטר הוא חוזר ומתגלגל, כנזכר בזוהר ריש פרשת אמור, יעו"ש. ואם כן אין לכם פסידא כל כך. אמנם בכו בכו להלך, לאותו צדיק שכבר עסק בארבעה חלקי הפרד"ס. כי תיבת להלך היא חסר ו', ואם תחשוב תיבת להלך ארבעה פעמים עם ארבעה הכוללים, שהם כנגד ארבעה חלקי הפרד"ס, הם בגימטריא פרד"ס. **שזה הצדיק לא ישוב עוד וראה את ארץ מולדתו, כי על ארבעה לא אשיבנו**. שזהו פסידא דלא הדרא באמת, ונחסר לגמרי מן העולם הזה, עד כאן לשונו. ולכן חובה על כל אדם לעסוק בכל חלקי הפרד"ס, ובפרט בחלק הסוד, הנקרא פנימיות התורה, כמבואר בזוהר הקדוש כמובא בזוהר הקדוש פרשת נשא דף קכ"ד - **בהאי חבורא דילך דאיהו ספר הזוהר יפקון ביה מן גלותא ברחמי**, בזכות הלימוד בספר הזוהר הקדוש, יצאו בני ישראל מהגלות **ברחמים**. ועוד כל מי שחשקה נפשו ללמוד, אסור למנוע זאת ממנו, בסוד הפסוק[10] - אל תמנע טוב מבעליו, ועל כל אדם להיכנס לפרד"ס החיים.

משלי ג' כ"ז – אל תמנע טוב מבעליו בהיות לאל ידך לעשות.

אשרי האיש אשר לא הלך בעצת רשעים ובדרך חטאים לא עמד ובמושב לצים לא ישב. דע כי יהיו הרבה אנשים רשעים, שינסו למנוע מבני ישראל הקדושים ללמוד בכללות תורה, ובפרט את תורת הקבלה, מכל מיני סיבות ומניעות, והשטן מדבר מגרונם של אלו הרשעים. ואלו דברי קודשו של בעל שבט מוסר רבינו אליהו הכהן האתמרי זצלה"ה - ובהביטך בן אדם מה שעבר על אחרים למה תרדוף אתה אחר כל אלה הדברים הזרים, להשביע נפש מרורים ולמוסרה ביד צרים המה המקטרגים הצוררים, ולמה לא תחמול על נפשך ועל נועם תבנית צלם גופך למוסרו בידן ולהשליכו בתוך גחלי רתמים בטיט היון של גיהנם, להשחירו ולהתיכו כאשר ניתך הזפת בפני האש, אשר על כן תן עצה אתה בנפשך **לברור בדרך החיים בעסק התורה והמצות**, וגם להצטער עצמך זמן קצוב הם חיי עולם הזה, כדי שתתענג זמן רב בלתי סוף ותכלית, ואל יעלה על דעתך כאשר עלה בדעת הרבה שנאבדו בידם באומרם כיון שמכיר אני בעצמי שאין בדעתי להבין ולהשכיל, איני עוסק בתורה, טועה הוא בדבר, שהרי הוא מחוייב לעשות מה שנצטוה לעשות, ואם יבין יבין, **שהרי והגית בו יומם ולילה כתיב** ולא כתיב ותבין בו, וכן תמצא בדברי התנא אם למדת תורה הרבה נותנין לך שכר הרבה, ואינו אומר אם הבנת הרבה, אלא למדת אמרו, ותשתדל להבין ואם תבין תבין, ואם לא שכר לימודך בידך, וכמאמר התנא לפום צערא אגרא, ומה גם שאמרו האדם איני לומד מפני שאיני מבין, **הוא פיתוי היצר**, יתמיד בלימודו וסוף הבינה לבא, שבראות קדוש ברוך הוא **חשקו בתורתו ודבקותו בה, פותח לו מעייני החכמה**, דכתיב - כי הוי"ה יתן חכמה מפיו דעת ותבונה. והנני מוסר לך דבר אשר תרדוף אחריה, ויהיה חיים לנפשך וענקים לגרגרותיך, **לעולם יהיה עיקר לימודך בדבר של תורה שליבך חפץ יותר**, אם בגמרא גמרא, ואם בדרוש דרוש, ואם ברמז רמז, **ואם בקבלה קבלה**, ורמז לדבר כי אם בתורת הוי"ה חפצו, כלומר תורת הוי"ה תלויה בדבר שלבו חפץ לעסוק, וכמו שמבאר האר"י זלה"ה בספר דרושי הנשמות והגלגולים פרק שלישי, וז"ל - יש בני אדם שכל חפצם ועסקם בפשטי התורה, ויש שעסקם בדרוש, ויש ברמז, ויש גם כן בגימטריות, **ויש בדרך האמת**, הכל כפי מה שעליו נתגלגל בפעם ההוא, כיון שהשלים פעם אחרת בשאר העניינים, אין צורך לו שבכל גלגול יעסוק בכולם, עד כאן לשונו. **ואל תביט ותשגיח לדברי המתנגדים על מה שחשקת לעסוק בתורה** בגמרא או בפשט או בדרוש וכו', באומרם לך למה אתה מוציא כל ימיך בפרט זה של תורה ולא בפרט זה, משום שעל מה שחשקת ללמוד, על דבר זה באת לעולם, ואם תשים דעתך לדבריהם, יכריחוך להתגלגל בזה העולם פעם אחרת ולעבור נפשך בחרב חדה של מלאך המות ולטעום טעם מיתה, ולכן לא תשמע לדברי המשחית נפשך, **כי דע שהשטן מתלבש באלו האנשים לדאוג ולהצטער ולהכאיב נפש הלומד ועוסק בתורה**, בחלק שֶׁאִוְּתָה נפשו לעסוק, כדי להבדילו משם שלא ישלים נפשו, על מה שבא להשלימה, ולהכריחו גלגולים אחרים, וכשם שבדבר שחושק יותר האדם ללמוד, משם יבין שעל דבר זה נתגלגל להשלים, כך צריך האדם שידע שורש נשמתו ומהיכן נמשך ועל מה בא לתקן ולהשלים, כמו שאמר בזוהר שיר השירים על הגידה לי את שאהבה נפשי וכו'. **וכדי שיבין יראה באיזה מצוה תקיף יצרו יותר לבטלה יתחזק בה לקיימה, כי בוודאי על מצוה זו נתגלגל**, וכדי שלא ישלים חוקו מנגדו יצרו לבטלה להוציאו מן העולם בידיים ריקניות... ולכן לא תשמע לדברי רשעים אלו, אלא תשמע לדברי חיים.

חבר אני לכל אשר יראוך ולשמרי פקודיך. בסוף[11] עץ חיים מובא מספר כללים למהרח"ו, וז"ל - להאר"י זלה"ה. הרמב"ן וחבריו ודברי ראשונים כמו רבי נחוניא בן הקנה לא הזכירו רק עשר ספירות, ולא גילו עניני פרצוף כלל. **ודע שהרמב"ן והראשונים היו יודעים בפרצוף**, אלא שדברו בהעלם גדול, לרוב הגלות שלא ניתן רשות לגלות, ולהתפשט האורות הגדולים, מאחר שגברו הקליפות, וכל זר לא יאכל קדש. **אמנם בעקבות משיחא כמו בדורינו זה התחילו האורות להתפשט להיות כבראשונה**, כמו שהיה בזמן העולם מתוקן ולהתתקן מעט. ומתחלה היו האורות סתומים, היה העולם מקולקל, וכל מה שנתקלקל נסתם בגלות, ולא היו משיגין אלא עשר ספירות בסתום, בסוד הנקודות, כל אחד כלול מעשר, ובענין הפרצופים לא נתגלה להם כלל, לפי שמצאו בדברי הראשונים סתומים, ולא ידעו עומק הדברים, וחשבו שכך הוא ודברו בעשר ספירות כל אחד כלול מעשר ובחינות הרבה, ולפי שראיתי מי שחולק על דברים אלו לאמור שלא מצינו אלא עשר ספירות, ומהיכן יש לשלוט כח לאמור כמה פרצופים שנמצא יותר מעשר ספירות, ומספר רב והלא הראשונים כתבו בספר יצירה - עשר ולא תשע, עשר ולא י"א, לזה באתי לפתוח לך כחודא דמחטא, אולי תזכה להבין מקצת, וכולו לא תשורנו עין, וזהו. ובהקדמתו[12] הקדושה כותב הרב ז"ל - והנה אין בכל דור ודור שלא נמצאו בו אנשים יחידי סגולה ששרתה עליהם רוח הקודש, והיה אליהו הנביא ז"ל נגלה עליהם, **ולמלמד אותם סתרי החכמה הזאת**, וכמו שנמצא כתוב בספרי המקובלים, גם בעל ספר הרקנטי כתב בפרשת נשא בפרשת ברכת כהנים..... ואנשי לבב שמעו לי, אל יהרסו אל הוי"ה, **לראות בספרי האחרונים הבנויים על פי השכל האנושי**, ושומע לי ישכון בטח ושאנן מפחד רעה. ולכן אני הכותב הצעיר חיים וויטאל, רציתי לזכות את הרבים **בהעלם נמרץ והמשכילים יבינו**, וקראתי שם החבור הזה על שמי **ספר עץ חיים**, וגם על שם החכמה הזאת העצומה, חכמת הזוהר, הנקרא עץ חיים, ולא עץ הדעת כנזכר לעיל, בעבור כי בחכמה הזאת טועמיה חיים זכו, ויזכו לארצות החיים הנצחיים, **ומעץ החיים הזה ממנו תאכל, ואכל וחי לעולם**. ואשכילך ואורך דרך זו תלך דע מן היום אשר מורי זלה"ה החל לגלות זאת החכמה, **לא זזה ידי מתוך ידו אפילו רגע אחד**, וכל אשר תמצא כתוב באיזה קונטריסים על שמו ז"ל, ויהיה מנגד מה שכתבתי בספר הזה, **טעות גמור הוא, כי לא הבינו דבריו, ואם יש בהם איזה תוספות שאינו חולק עם ספרינו זה, אל תשית לבך בקבע אליו, כי שום אחד מהשומעים את דברי קדשו, לא** ירדו לעומק דבריו וכוונתו, **ולא הבינום**, בלי שום ספק. ואם יעלה בדעתך לחשוב שתוכל לברור הטוב ולהניח הרע, אל בינתך אל תשען, כי אין הדברים האלו מסורים אל לב האדם כפי שכל אנושי, והסברא בהם סכנה עצומה, ויחשב בכלל קוצץ בנטיעות חס ושלום, לכן הזהרתיך ואל תסתכל בשום קונטרסים הנכתבים בשם מורי זלה"ה, זולתי במה שכתבנו לך בספר הזה, **ודי לך בהתראה זאת**, אלו הם דברי קודשו. ועלינו ללמוד אך ורק בתורת מורינו חיים.

אני קראתיך כי תעני אל הט אזנך לי שמע אמרתי. עוד כתב הרב ז"ל בהקדמתו תנאים כדי לזכות לחכמה הקדושה הזאת, וז"ל - אני הכותב משביע בשמו הגדול יתברך, לכל מי שיפלו

---

[11]

ע"ח ח"ב דקי"ט ע"א.

[12]

ע"ח ד"ד ע"ב.

שער זז' פרק ה' דרושי נקודות

הקונרטסים אלו לידו, שיקרא הקדמה זאת, ואם אותה נפשו לבוא בחדרת החכמה זאת, יקבל עליו לגמור ולקיים כל מה שאכתוב ויעיד עליו יוצר בראשית, שלא יבוא אליו היזק בגופו ונפשו, ובכל אשר לו, ולא לאחרים. תחת רודפו טוב והבא לטהר ולקרב. **ראשית הכל יראת הוי"ה, להשיג יראת העונש, כי יראת הרוממות, שהוא יראה הפנימית, לא ישיגוהו רק מתוך גדלות החכמה**, ועיקר מגמתו בידיעה הזה יהיה לבער קוצים מן הכרם, כי לכן נקראים העוסקים בחכמה הזאת מחצדי חקלא. **ובודאי שיתעוררו הקליפות נגדו לפתותו ולהחטיאו, לכן יזהר שלא לבוא לידי חטא אפילו שוגג**, שלא יהיה להם שיכות בו, לכן צריך ליזהר מהקלות, כי הקדוש ברוך הוא מדרדק עם הצדיקים כחוט השערה, לכן צריך לפרוש עצמו מבשר ויין כל ימות השבוע, **וצריך הזהרת סור מרע ועשה טוב**, ובקש שלום. בקש שלום צריך להיות רודף שלום, ולא להקפיד בביתו על דבר קטן וגדול, וכל שכן שלא יכעוס ח"ו.

וצריך להתרחק בתכלית הריחוק סור מרע.

א. ליזהר בכל דקדוקי מצות, ואפילו בדברי חכמים, שהם בכלל לא תסור.

ב. לתקן המעוות קודם שיבא לעולם הבא.

ג. יזהר מהכעס, אפילו בשעה שמוכיח את בניו, לא יכעוס כלל ועיקר.

ד. גם צריך ליזהר מהגאוה, ובפרט בענין הלכה, כי גדול כחה והגאוה, בזה עון פלילי.

ה. בכל צער שיבא לו, יפשפש במעשיו וישוב אל הוי"ה.

ו. גם יטבול בעת הצורך לו.

ז. גם יקדש את עצמו בתשמיש המטה שלא יהנה.

ח. שלא יעבור כל לילה ויחשוב בכל לילה מה שעשה ביום, ויתודה.

ט. גם ימעט בעסקיו ואם אין לו פרנסה כי אם על ידי משא ומתן, יכין יום שלישי ויום רביעי, מחצי היום ואילך, ובכוונה שהוא לעבודת קונו.

י. כל דבור שאינו של מצוה והכרחי, יהיה זהיר ממנו, ואפילו דבר מצוה ימנע בשעת התפלה.

ועשה טוב

א. לקום בחצי הלילה, ולעשות הסדר בשק ואפר ובכי גדול, ובכוונה כל אשר יוציא בשפתיו. ואחר כך יעסוק בתורה כל זמן שיוכל להיות בלי שינה, ובלבד שחצי שעה קודם עלות השחר יתעורר לעסוק בתורה.

ב. ילך לבית הכנסת קודם עלות השחר, קודם חיוב טלית ותפילין, להיזהר שיהיה מעשרה ראשונים.

ג. קודם שיכנס, ישים אל לבו מצות עשה ואהבת לרעך כמוך, ואחר כך יכנס.

ד. להשלים רמז צדיק בכל יום. שהוא צ' אמנים, ד' קדושות, י' קדשים, ק' ברכות.

ה. שלא להסיח דעתו מהתפילין בעת התפילה, זולת בעת העמידה ועסק התורה.

ו. צריך שיהיה עוסק בתורה, מעוטף בטלית ותפילין.

ז. לכוין בתפלה הכוונות, כמו שנבאר בע"ה.

ח. שישים תמיד נגד עיניו שם בן ארבעה אותיות הוי"ה, ויזדעזע ממנו, כמו שכתוב - שויתי הוי"ה לנגדי תמיד.

ט. שיכוין בכל הברכות, בפרט בברכת הנהנין.

י. צריך שיהיה עמל בתורה פרד"ס, שנאמר או יחזיק במעוזי, ואל יחשוב שיגלו לו רזי התורה בהיותו ריק, כדכתיב - יהב חכמתא לחכימין, וצריך ליזהר שלא יוציא בשפתיו בחכמה זו, מה שלא שמע מאדם שראוי לסמוך עליו, וכאזהרת רשב"י וחבריו. השגת החכמה תנאי הראשון, צריך למעט דבורו, ולשתוק, כל מה שיוכל כדי שלא להוציא שיחה בטילה, כמאמר רז"ל - סייג לחכמה שתיקה. גם תנאי אחר, על כל דבר תורה שלא תבינהו, תבכה עליו כל מה שתוכל. גם עלית הנשמה בלילה לעולם העליון, שלא תשוט בהבלי העולם, תלוי שתישן בבכיה. ומרת עצבות מגונה עד מאוד, ובפרט להשיג חכמה, והשגה אין לך דבר מונע השגה יותר מזה. גם בענין השגת האדם, אין לך דבר שמועיל כמו הטהרה והטבילה, שיהיה האדם טהור, בכל עת ומורי זלה"ה עם היות שהיה לו חולי השבר שהקור מזיק לו, עם כל זה לא היה מונע מלטבול בכל עת, עד כאן דברי קודשו. ועלינו לקיים את בקשת הרב ז"ל את הבחינות של[13] סור מרע ועשה טוב, כדי לטפס בעץ החיים.

מרן הרש"ש מעיד[14] על עצמו, וז"ל - וראיתי מה שכתבו מעלת כבוד תורתם, על ענין עבודת הוי"ה שקצרתי במקום שהיה ראוי להרחיב מעט הדיבור, אמת הוא כי לכתחילה קצרתי בו, **יען ראיתי כמה מהנזק יצא ממה שכתבו בזה המקובלים שקדמו, כי רבים חללים הפילו, וחלול כבוד הוי"ה, וכבוד התורה. הוי"ה יכפר בעדם, כי כל דבריהם לא על פי התורה הם, ואינם מיוסדים על האמת, ומהם יצאו אבות, ומאבות תולדות הריסת יסודי התורה ח"ו,** הוי"ה יכפר. **וכל זה לא שלמדתי בדבריהם ח"ו,** אלא שפעם אחת הוכרחתי בעל כרחי לעיין בדף אחד שכתוב בו קצור מה שכתבו בענין זה, **וכמעט שקרעתי בגדי לראות דברים אשר לא כן על הוי"ה.** הוי"ה יכפר, וכבר מילתי אמורה להם, **כי עידי בשמים כי כל עסקי ולמודי, אינו רק בדברי האר"י זלה"ה, ותלמידו מהרח"ו ז"ל לבדם, ובלעדם אין לי עסק בשום ספר מספרי המקובלים ראשונים ואחרונים, ואפילו בדברי שאר תלמידי האר"י ז"ל לא למדתי, וכשיזדמן לפני דבר מדבריהם, אני מדלגו.** כי על כן איני כמזהיר, אלא כמזכיר, למען הוי"ה, אל יהי לכם מגע יד בדבריהם, ובפרט בענין זה, השמרו לכם פן יפתה לבבכם, **אלא כל לימודם לא יהיה אלא בעץ חיים ובספר מבוא שערים ובשמונה שערים המפורסמים,** שכולם דברי אלהי"ם חיים. ואני קצרתי בענין זה כל מה שאפשר, כי יראתי פן יפלו דפים אלו ביד מי שעדיין לא למד דברי האר"י ז"ל כראוי, **ויחשידני שלמדתי בספרים אחרים, ולא כן הוא כאמור,** ולכן קצרתי בו, ופיזרתי בהקדמה, עד כאן דברי קודשו של מרן הרש"ש. ואנחנו תפילה שיתגלה משיח צדיקנו במהרה בימינו, ומלאה[15] הארץ דעה את הוי"ה כמים לים מכסים, דעת תורת החיים.

13

תהלים ל"ד ט"ו — סור מרע ועשה טוב בקש שלום ורדפהו.

14

נהר שלום דף ל"ד ע"א.

15

ישעיהו י"א ט' — לא ירעו ולא ישחיתו בכל הר קדשי כי מלאה הארץ דעה את הוי"ה כמים לים מכסים.

כתב רבינו גאון הקבלה רבי אליהו מני, רבו של הרי"ח הטוב, רבי יוסף חיים בעל הספר "בן איש חי", בספרו הקדוש **כסא אליהו** כי על הלומד ללמוד כל מאמר ומאמר ארבעה חמשה פעמים בלי המפרשים, וינסה להבין את המאמר בעצמו. ואחר כך ילך לראות אם כיוון לדעת המפרשים.

וכן אני הקטן מבקש בכל לשון של בקשה, ללמוד את הדרוש כמו שהוא מובא בספר עץ חיים, ארבעה חמישה פעמים, כדי לנסות להבין את הדרוש. וכל דרוש מובא בתחילת הספר במלואו.

אחר כך יכנס ללמוד את הדרוש עם ביאור הדברים, עוד ארבעה חמישה פעמים, ואחר כך יראה את המקורות להגהות, ודברי רבותינו הקדושים, עם התרשימים וטבלאות.

ואז יעלה ויצליח בלימוד תורת האר"י הח"י.

כתב רבינו **השד"ה** רבי שאול דוויק הכהן, בהקדמת ספרו איפה שלימה, על אוצרות חיים וז"ל - וכדי שיוכל לעלות לימודו למעלה, ריח ניחוח לה'. קודם כל לימוד ימסור עצמו על קדושת ה', כי זה מועיל מאוד, כמו שכתוב בשער הכוונות דף כ"ד ע"ב, כי עתה בזמנינו בעונותינו הרבים אין יכולת לעשות זווג כתיקונו למעלה, ולסיבה זו הקץ מתארך וכו'. אמנם עם כל זה יש קצת תיקון במה שנמסור נפשינו על קידוש ה' בכל הלב, כי על ידי כן אפילו אין בנו שום מעשים טובים, והרשענו עד להפליא. הנה על ידי מסירת נפשינו להריגה, מתכפרים עונותינו כולם, ויש בנו יכולת לעלות עד אימא עילאה, כמו שאמרו חז"ל - גדולה תשובה שמגעת עד כסא הכבוד, שנאמר - שובה ישראל עד ה' וכו', עד כאן דבריו.

וזה הסדר

יקבל עליו ארבע מיתות בית דין, מארבעה אותיות הוי"ה וארבעה אותיות אדנ"י, וליחדם על ידי ארבעה אותיות אהי"ה ועל ידי עסמ"ב

סקילה י **א** וליחדם על ידי **א**		יוד ה֗י ויו ה֗י
שרפה ה **ד** וליחדם על ידי ה		יוד ה֗י ואו ה֗י
הרג ו **ג֗** וליחדם על ידי י		יוד ה֗א ואו ה֗א
וחנק ה **י** וליחדם על ידי ה		יוד ה֗ה וו ה֗ה

לְשֵׁם יִחוּד
קֻדְשָׁא בְּרִיךְ הוּא וּשְׁכִינְתֵּהּ

יאהדונהי

בִּדְחִילוּ וּרְחִימוּ   וּרְחִימוּ וּדְחִילוּ

יאההויהה   איההיוהה

לְיַחֲדָא אוֹתִיּוֹת י"ה בּו"ה, בְּיִחוּדָא שְׁלִים

יהו"ה

בְּשֵׁם כָּל יִשְׂרָאֵל, לַאֲקָמָא שְׁכִינְתָּא מֵעַפְרָא, הָרֵנִי לוֹמֵד בַּסֵּפֶר קַבָּלָה פְּלוֹנִי שֶׁהוּא כְּנֶגֶד תִּפְאֶרֶת דז"א בָּעוֹלָם הָאֲצִילוּת שֶׁבּוֹ שֵׁם מ"ה כָּזֶה יו"ד ה"א וָא"ו ה"א לַעֲשׂוֹת מֶרְכָּבָה. וִיהִי רָצוֹן מִלְּפָנֶיךָ ה׳ אֱלֹהֵינוּ וֵאלֹהֵי אֲבוֹתֵינוּ שֶׁתְּזַכֶּךְ רוּחֵנוּ וּנְפָשֵׁינוּ שֶׁיִּהְיוּ רְאוּיִם לְעוֹרֵר מַיִן תַּתָּאִין עַל יְדֵי קְרִיאַת סֵפֶר הַקַּבָּלָה הַזֹּאת. וִיהִי נֹעַם יְהוָֹה אֱלֹהֵינוּ עָלֵינוּ וּמַעֲשֵׂה יָדֵינוּ כּוֹנְנָה עָלֵינוּ וּמַעֲשֵׂה יָדֵינוּ כּוֹנְנֵהוּ.

בָּרוּךְ ה׳ לְעוֹלָם אָמֵן וְאָמֵן, נֶצַח, סֶלָה, וָעֶד.

הקדמה כללית וחשובה להיכל הנקודים

צריך לדעת כי היכל הנקודים, שהוא כולל את שער **הנקודות**, שער **השבירה**, שער **התיקון**, ושער **המלכים**. עוסק בסוגיות שלפני התיקון, ר"ל[16] לפני שמידת הרחמים התפשטה בעולמות, והתמזגה עם מידת הדין, ונתקן העולם. לכן שער זה מבאר את בחינת הדינים, ובכל מקום שיש דין מתעוררים החיצונים. לכן רבותינו המקובלים יתייחסו בכובד ראש לסוגיות בהיכל זה יותר משאר הדרושים בספרי הרב ז"ל, עד כדי כך שהרי"ח הטוב כותב[17] שצריך ללמוד היכל זה **בשתיקה ובהרהור הלב**, עד כדי כך חשש הרי"ח הטו"ב מתגבורת הדינים. וכן[18] הוא בשער הכוונות בענין פטירת

16

ע"ח ש"ט פ"ו מ"ב דמ"ה ע"ג – ואז נברא העולם במידת הדין, ויצאה בת מתחלה, שהיא **שם ב"ן** בפנים דא"ק. ואחר כך יצאו ענפיו לחוץ, **דרך העין** מטבורו דא"ק ולמטה, ולא נתקיימו הענפים שבחוץ. עד שחזרו להזדווג והולידו בן, שהוא **שם מ"ה** בפנים ובחוץ, והוא מידת הרחמים, ונתקיים העולם, כמו שאמרו רז"ל על הפסוק - ביום עשות הוי"ם אלהי"ם ארץ ושמים, **והבן אמרם העולם**, כי מציאת העולם הם השבעה תחתונות לבד, שהם זו"ן, אלא בראשונה היו זו"ן נקבות, מצד דין, שהוא שם ב"ן. ואחר כך היו זו"ן זכרים, משם מ"ה. **כי כל מ"ה וב"ן נקרא בשם עולם.**

17

רב פעלים חלק ב', סוד ישרים סימן ה' דר"ב ע"ב – וגדולה מזו תדע כי אפילו רבינו מהרח"ו ז"ל שהיה לו נשמה גדולה מאד, וסמך רבינו האר"י ז"ל שתי ידיו עליו, ואמר לו שהוא בא לעולם הזה בעבורו לתקנו וללמדו, עם כל זאת הוא היה אומר על דרושים שגילה לו רבינו האר"י ז"ל, שלא השיג אותם אפילו ערך טיפה מן הים, כי כן כתב בספר הכוונות בדרוש ספירת העומר, דרוש י"ב דף פ"ו ע"ג על סוד אחד בענין הקטנות שגילה אותו לרבינו האר"י ז"ל, ונענש בעבור זה, וכתב מהרח"ו וז"ל - ולכן הסוד הזה צריך להעלימו אם מפאת עצמו, ואם מפני שאין אנחנו יודעים אמיתתו אפילו טיפת גרגיר של החרדל מן הדרוש ההוא, עד כאן לשונו. ראה דברים אלו שכתבם צדיק וישר ונאמן שאמר אין אנחנו יודעים אמיתתו אפילו גרגיר של חרדל, המה יורדים בחדרי בטן של אדם שיש לו מוח בקדקודו ותופס ספרי קבלה בידו, המדברים בענין קטנות ופגם, ובענין שבירה ומגע הקליפות וכיוצא, שצריך להחליט בדעתו על ענינים אלו, שהם אינם כפשוטן, והם סתומין וחתומים באלף עזקין, ויאחזנו פחד ורעדה בקריאתו בסודות התורה בכתבי רבינו האר"י ז"ל האמתיים, ויזהר שלא להוסיף או לגרוע בהם שום דבר מהמשערה השכל, ולא יעשה בהם חילוקים והמצאות שכליות כדרך שעושין בחכמת הפשט, ובכלל יזהר שלא יתמיד ללמוד בסוד השבירה והקטנות ובשערי הקליפות, **ואם יבא לפניו איזה ענין מאלה באמצע, לא יוציא הדברים מפיו, אלא ילמדם בהבטת העין בלבד**, כי שמעתי שנזהרין בכך כמה חסידים מקובלים.

18

שער הכוונות, ענין ספירת העומר דרוש י"ב דפ"ו ע"ב – האמנם כיון שלא נתקנו כל המוחין לכן אינו זווג גמור מעולה, **אמנם נקרא זווג דקטנות**. כיון שעדיין לא נגדל ז"א. ובזה יתבאר לך מאמר אחד מספר הזוהר בפרשת בשלח בדף נ"ב ע"ב בענין קריעת ים סוף, בפסוק מה תצעק אלי, ואמר שם רשב"י ע"ה - בהאי מלה לא תשאל ולא תנסה את הוי"ה. ובודאי שביאור המאמר הזה עמוק מאד, כיון ששמעינו לרשב"י ע"ה שהפליג בהסתרת סודו, ואמר בהאי מלה לא תשאל. וביום שמורי ז"ל ביאר לנו המאמר הזה היינו יושבים בשדה תחת האילנות, ועבר עליו עורב אחד צועק וקורא כדרכו, ומורי ז"ל ענה ואמר אחריו ברוך דיין האמת, שאלתי את פיו ואמר לי כי אמר לו העורב ההוא כי לפי שגילה הסוד הזה לכל בני האדם בפרהסיא, **לכן נענש בעת ההיא בבית דין של מעלה**, וגזרו עליו שימות בנו הקטן, ותיכף הלך לביתו ובנו היה מטייל בחצר, ובאותה הלילה חלה את חליו, ומת אחר שלשה ימים רחמנא ליצלן. **ולכן ראוי לכל בעל נפש הרואה הדברים האלו להסתירם בתכלית ההסתר**, זולת הכלל הנודע בכל החכמה הזו כי כבוד אלהי"ם הסתר דבר, ואין מקום

15

הבן של רבינו האר"י, וכן[19] בפרי עץ חיים. ומביא[20] זאת הבית לחם יהודה בריש פרק א' דשער מוחין דקטנות. ולכן צריך ללמוד בשערים אלו בכובד ראש, ובזמנים הידועים כמו שבת, יום טוב, ואחרי חצות הלילה.

דע כי בכל מקום שהרב ז"ל מבאר כי המלכים דמיתו ירדו לעולם הבריאה, הכוונה[21] היא לכל עולמות בי"ע, כאשר הכלי הפנימי ירד לעולם הבריאה, הכלי האמצעי לעולם היצירה, והכלי החיצון לעולם העשיה.

להאריך בזה, כי הדברים נודעים, וכל מה שיסתיר האדם הסודות מלגלותם למי שאינו ראוי הוא משובח ומכובד בפמליא של מעלה. **והעושה היפך מזה מכניס עצמו בסכנה עצומה** בעולם הזה במיתת עצמו בהכרת ח"ו, ובמיתת בניו הקטנים, נוסף על עונש נשמתו בגהינם שאין קץ לעונשו, וכמו שהזכיר רשב"י ע"ה באדרא זוטא ועיין שם. והטעם שנענש מורי ז"ל בביאור מאמר זה, וכמו שהזכיר רשב"י ע"ה עצמו שאמר בהאי מלה לא תשאל, הענין הוא כי הנה נודע שאין החיצונים נאחזין אלא במוחין של קטנות, כי הם דיני תקיפין, ובהיות האדם מתעסק בסודות התורה אם יהיה בענין הגדלות העליון, או בשאר דרוש חכמת האמת שהם ענינים למעלה, אין לאדם כל כך סכנה, **כמו בזמן שעוסק בסודות זמן הקטנות, כי בהתעסקו בהם הנה החיצונים מתעוררים בהם, ומתאחזין שם, ומזכירים עונותיו של האדם המתעסק בהם.**
19

פרי עץ חיים, שער חג המצות, פרק ח' – הוא סוד הנזכר בזוהר פרשת בשלח דף נ"ב עד סוף קריעת ים סוף, ואמר שם רבי שמעון בר יוחאי, בההוא מלה לא תשאל ולא תנסה וכו'. וענין הדבר הזה, הוא סוד עמוק מאוד, והטעם הוא דע, **בכל מקום שהקטנות עליון מתעורר, הם דינין תקיפין,** אם האדם או היותר עליון שבעולם, בכל מקום שעוסק בשער האצילות לעילא ולעילא, אין לו כל כך סכנה, **כמו מי שעוסק בקטנות, כי שם נאחזים החיצונים,** ולכן בעת שהאדם עוסק בהם, **אז החיצונים מתעוררים, ומזכירין עונותיו של אדם.** ולכן בכל פעם שמורי ז"ל **היה עוסק בשום דרוש מן הקטנות, היה נענש,** ואין צריך להאריך על זה. ואפילו משה רבינו, רבן של כל הנביאים, **כי פגע בסוד קטנות, שהוא סוד המטה הנהפך לנחש,** מה כתיב ביה - וינס משה מפניו, כמו שנבאר בע"ה, **כי סוד קטנות נקרא נחש,** ולכן הסוד הזה ראוי להעלימה, אף על פי שאין יודעין בו, כי אם חלק אחד מרבי רבבות שיש בו.
20

בית לחם יהודה שכ"ב, שער מוחין דקטנות פ"א דק"ז ע"ב – בע"ח כתב יד כתוב כשגילה הרב פרק זה מת בנו משה, עד כאן לשונו. ור"ל וכל אדם צריך להזהר שלא יאריך בו, וטוב שילמוד אותו **בשבת, וביום טוב, ובראש חודש, ובלילה אחר חצות.**
21

ע"ח ש"ט פ"ז מ"ב דמ"ו ע"ב – והנה כאשר יצאו כל האצילות מבחינת ב"ן לבד, והיה כולל עתיק, וא"א, וא"א, וזו"ן. ואז יצאו תחלה כל הכלים שלהם זה תחת זה עד סיום עולם האצילות, ואחר כך יצאו אורות דב"ן כל פרטי אצילות, ויצא תחלה כתר דעתיק דאצילות, שבו נכללין כל האורות, ונתקיים, ואחר כך יצאה חכמה דעתיק בכלי שלו, ובו היו כלולים כל שאר האורות ונתקיים, ואחר כך יצאה בינה דעתיק, ובו כלולין כל שאר האורות ונתקיים, ואחר כך יצאו שבעה תחתונות דעתיק,)נב"א דדעת הדעת למטה כל אחד כלול בכלי שלו, ובו כלולים כל שאר האורות, והיה נשבר, וירד **פנימיות הכלי לבריאה, וחיצוניות הכלי ירד ביצירה, וחיצוניות של חיצוניות בעשייה,** ואחר כך האור ההוא נשאר בלי כלי, ושאר האורות ירדו בכלי השני של השבעה תחתונות, וגם הוא נשבר על דרך הנזכר לעיל,)נב"א נשאר ע"ד הנ"ל(והאור שלו נשאר בלי לבוש, ושאר האורות ירדו לכלי שלמטה ממנו, וכן על דרך זה עד שנגמרו שבעה תחתונות שלו, ואחר כך נכנס הכתר דאריך אנפין בכלי שלו..............

נהר שלום דכ"ד ע"ד – והנה ידוע כי מיתת המלכים היתה בזו"ן דפרטות, ר"ל בזו"ן דעתיק, ובזו"ן דא"א, ובזו"ן דאבא, ובזו"ן דאימא, ובזו"ן דז"א, ובזו"ן דנוקבא, וכל פרצוף מאלו הפרצופים כולול מכל הפרצופים הנזכרים. וזה היה בפרט האחרון דפרטי פרטות, וכמבואר לעיל בהקדמה, וזה היה בפנימיות וחיצוניות דפנימיות, ובחיצוניות ופנימיות דחיצוניות, דפנים ודאחור. **והכלים עם הרפ"ח ניצוצות דמלכים דעתיק נפלו לעתיק דבי"ע, ודא"א לא"א דבי"ע, ודאו"א לאו"א דבי"ע, ודזו"ן לזו"ן דבי"ע. באופן זה כי הכלים הפנימיים דמלכים הנזכרים נפלו לפרצופי הבריאה. והכלים האמצעיים ליצירה. וכלים החיצוניים שלהם לעשיה.** ונתבאר בשער השמות ובכמה מקומות, כי כדי לברור הכלים ושארית הרפ"ח דכל פרט, יורדים כל

שער זז' פרק ה' דרושי נקודות

ידוע כי ג"ר נקראים פנים בערך ו"ק, והוא כי כל[22] פרצוף נחלק לג' חלקים חב"ד חג"ת נה"י, כאשר חב"ד נקראים כלים פנימיים, חג"ת כלים אמצעיים, ונה"י נקראים כלים חיצוניים. גם הם נקראים[23] נר"ן, כאשר נה"י הוא בכללות נקרא נפש, חג"ת רוח, וחב"ד נשמה. הרב ז"ל מבאר[24] בכל המקומות על שבירה, מיתה, וירידת **פנים ואחור** דשבעה

הפרצופים העליונים דאצילות בימי החול בסוד גלות השכינה, ומתלבשים בפרצופים שכנגדם למטה בבי"ע. עתיק דאצילות בעתיק דבי"ע, וא"א בא"א, ואו"א באו"א, וזו"ן בזו"ן. כלים פנימיים שלהם בבריאה, ואמצעיים ביצירה, וחיצוניים בעשיה. ובי"ע הנזכר מתלבשים בבי"ע דחול, וזה לצורך שארית בירורי כלים ואורות דמלכים דזו"ן דעתיק, וא"א, ואו"א, וזו"ן דאצילות שנפלו לבי"ע על סדר הנזכר. **כי הכלים הפנימים של מלכי עתיק, וא"א, ואו"א, וזו"ן דאצילות נפלו לבריאה. וכלים האמצעיים של המלכים הנזכרים ליצירה. וכלים החיצוניים שלהם לעשיה**, כנודע. ועל כן בימי החול יורדים הכלים דפרצופים העליונים דאצילות על דרך הנז"ל, לברר בחינותיהם שנשארו בבי"ע.

רחובות הנהר ד"ד ע"ב – ובהגיע האור לגבול האצילות, אירע בהם ענין ביטול המלכים, ונפלו הכלים פנימי אמצעי וחיצון עם אורות דרפ"ח, **לבי"ע התחתונים** דאותה הספירה.
22

ע"ח ח"ב ש"ל דרוש א' מ"ב דכ"ו ע"א – דע כי ז"א יש לו שלוש פרצופים, וכל אחד כלול מעשרה ספירות, והם זה תוך עשרה, תוך עשרה, ועשרה אחרים בפנימיות כולם. ואלו השלושה פרצופים הם כולם בחינת כלים, והם שלושים כלים, וכולם הם ביחד גוף אחד, וכלי אחד, ובתוכו יש האורות, שהם נר"ן וכו', ובהיות שלושתן יחד זה תוך זה הם שוים בקומתן, אבל לפעמים אין לז"א רק פרצוף החיצון מהם בלבד, ולפעמים שניהן, ולפעמים שלושתן. ובתחילה מתחיל הז"א להיות בו **פרצוף החיצון**, ואז הוא שיעור קומתו הוא שליש גדולתו לבד והוא **כשיעור קומת נה"י** אחר הגדלות האחרון. ואחר כך נכנס בו **פרצוף אמצעי**, ומתלבש בתוך החיצון, ואז נגדל ז"א ב' שלישי קומתו, **שהם נה"י וחג"ת**, בין בחינת פרצוף החיצון ובין פרצוף האמצעי, כי אמצעי גורם אל החיצון שיגדל כמוהו. ואחר כך נכנס בו **הפרצוף הפנימי**, ומתלבש בתוך האמצעי, ואז גם ב' הפרצופים החיצון ואמצעי נגדלים כאורך הפרצוף הפנימי, ואז נשלם ז"א כשיעור קומתו לג' הפרצופים. והוא כאלו נמשיל משל. **כי החיצון שיעור קומתו כשיעור נה"י דז"א בגדלות, והאמצעי כשיעור נה"י וחג"ת דגדלות, והפנימי כשיעור נה"י חג"ת חב"ד בגדלותו**. ולכן בבא האמצעי מגדיל את החיצון כמוהו, ובבא הפנימי מגדיל שניהן כמוהו.

ע"ח שי"ט פ"י מ"ב דצ"ה ע"ג – והנה הכלים הם שלושה, בחינת **חיצון ואמצעי ופנימי.**

ע"ח ח"ב ש"ל דרוש ב' מ"ב דכ"ז ע"א – באופן כי יש לכל פרצוף עשר ספירות, הנקרא כלים, ונחלקים לשלוש חלקים, והם עשר כלים חיצוניות, מדור אל הנפש. עשר כלים אמצעים מלובשים תוך חיצוניות, והם מדור אל הרוח. ועשר כלים פנימיים מלובשים תוך הכלים אמצעים, והוא מדור אל הנשמה. והם הם שלושים כלים, אבל גובה קומתן אינם אלא עשרה, לפי שהם עשר תוך עשר, ועשר תוך עשר.
23

נהר שלום, דרוש הדעת דמ"א ע"ג – ונבאר עתה כל זה בפרטות פרצוף אחד שהוא זעיר, וממנו תקיש בכללות כל הפרצופין יחד, דע כי ז"א הוא פרצוף אחד כולל עצמות וכלים, **והכלים שבו הם נכללים בשלושה**, כי הכבד למטה, וכולל עשר מדות שהם כל האיברים, ומתלבש על ידי הורידין שבו, בכל הגוף. והלב גבוה ממנו, וכולל עשר מדות, ומתלבש תוך בחינת הכבד, על ידי הדפקים שבו, ומתפשט בכל הגוף, והמוח גבוה מכולם, וכולל עשר מדות, מתלבשים תוך בחינת הלב, על ידי הגידים, המתפשטים ממנו, ומתפשט בכל הגוף, ועל דרך זה ממש נחלק העצמות בשלושה, נשמה ורוח ונפש, מתלבשים זה בתוך זה, ומתפשטים בכל הגוף, לכן הכבד משכן הנפש, והלב משכן הרוח, והמוח משכן הנשמה.
24

ע"ח ש"ח פ"ב מ"ת ל"ו ע"ג – אמנם השבעה מלכים תתאין מתו, לפי שכליהם נעשו מהסתכלות עין בחוטם פה לבד, והיה חסר מהם אור האזן העליונה. והנה גם בג"ר עצמם יש בהם חילוק בין זו לזו, והוא)נ"א והנה(כי מן הכתר לא ירד ממנו אפילו האחוריים, אלא האחוריים של נה"י בלבד. אבל באו"א של הנקודים ירדו האחוריים שלהם לבד, ונשארו הפנים במקומם. וטעם הדבר הוא כי אלו האורות שנמשכים עד שבולת הזקן נחלקו לשלושה, כי הכתר לקח מבחינת האזן עצמה ממה שהראייה שואבת בהסתכלות באור האזן, ומכל שכן שנכללים בו שני אורות אחרים, ומזה נעשה כלי לכתר נקודים. ואבא לקח ממה שהראייה שואבת מאורות

התחתונות דנקודים, לפי פשט הדברים נראה שחב"ד חג"ת ונה"י דמלכים נשברו ומתו וירדו לעולמות בי"ע.[25] עם כל זאת רק חג"ת נהי"מ דמלכים נשברו ומתו, שהם הבחינה החיצונה והאמצעית, הנקראת[26] גם החיצונה והתיכונה, והסיבה[27] שהרב ז"ל קורא לחג"ת נה"י פנים ואחור היא שמדובר בערכין, **כי חג"ת נקראים אחור בערך חב"ד,**

החוטם, וגם אור הפה נכלל בו. והנה הכתר שלקח מן האזן הארתו גדולה מאד לא נשבר כלי שלו, אבל או"א שאין לוקחין רק מן החוטם ופה נשברו האחוריים של כליהם. והנה או"א אם היו מקבלים אור זה של חוטם ופה של א"ק, בהיותו למעלה קרוב אל מקום נקבי האזן, אף על פי שלא היו מקבלין מאורות האזן עצמה, רק קצת הארה היו מתקיימין האחוריים של כליהם, אבל כיון שאין מקבלין רק מסיום האזן שהוא מקום שבולת הזקן, לכן אף על פי שלוקחין קצת הארה אינו מועיל להם, ולכן נשברו האחוריים של כליהם. אבל הכתר כיון שלוקח אור האזן ממש אף על פי שלקחו סיומו כיון שהוא לוקח עצמותו, די בזה ולא נשבר אפילו האחוריים של כלים דידיה. מה שאין כן באו"א שאינן לוקחין רק הארה בעלמא, וגם שהוא ברחוק מקום. והרי נתבאר שלושה בחינות אלו, והם כי הכתר נתקים כולו. ואו"א נשברו ונפלו האחוריים שלהם. **וזו"ן נפלו פנים והאחוריים שלהם,** והנה זהו הטעם שנרמז בפסוק והארץ היתה תהו ובהו, אשר הוא מדבר בענין מיתת המלכים של הנקודים כנזכר לעיל.

ע"ח ש"ח פ"ו מ"ת דט"ל ע"ג – וכבר נתבאר לעיל כי אלו שבעת מלכים לקחו אורם מגוף א"ק שתחת שבולת הזקן, ולא מלעלה. נמצא שהם חסרים בחינת שלושה אורות עליונים שהם אח"פ, **כי לכן נשברו הפנים והאחוריים שלהם,** ואלו הם בחינת ג' תגין שיש למעלה על כל אות מאלו השבעה הנזכר לעיל. כי הם מורים על הסתלקות האורות והחיות מן הכלים, שהם אותיות, ונשאר האור למעלה מהם ולא בתוכם, כדרך צורת התגין על האותיות. אבל האותיות בד חי"ה הם אחוריים דאו"א שירדו.

ע"ח ש"ט פ"ג מ"ת דמ"ב ע"ד – ונבאר עתה איך בעת מיתת המלכים אלו ירדו הכלים שלהם לעולם הבריאה כנזכר לעיל, משאין כן בארבעה אחוריים דאו"א. כי הנה נתבאר החילוק שהיה בין או"א לשבעה המלכים, שהם זו"ן, ואמרנו כי השבעה מלכים שהם זו"ן מתו ממש, וירדו אל עולם הבריאה, הכלים שלהם ואחוריים של או"א נתבטלו ולא מתו, אלא שירדו למטה בעולם אצילות עצמו, ושם ביארנו טעם לזה, ואמרנו שהיה לסיבה שהשבעה מלכים לא קבלו אורות אח"פ דא"ק, רק מגופא דיליה ואילך. והנה לטעם זה עצמו היה גם כן שינוי אחר בין ג"ר שהם כח"ב, אל השבעה מלכים התחתונים, כי הג"ר יצאו בקצת תיקון בראשונה, והוא כי כאשר יצאו בראשונה נתפשטו כסדר ג' קוין, מה שאין כן שבעה תחתונות שיצאו שיצאו זו למטה זו, וזה שכתוב באדרא רבא - עד אימת ניתב בקיימא דהד סמכא, ר"ל נתקן התיקון שהוא דרך קוין, אבל קודם שהיו זה על גבי זה, הוי קיומא דהד סמכא. וכבר ביארנו כי התיקון האצילות הוא בהיות שישה קצות עשוי בבחינת ג' קוים קשורים זה בזה, בסוד השלישי המכריע ביניהן, ואז נקרא רשות היחיד. אבל בהיותן זה על גבי זה והם נפרדין אחת מחברתה, אז נקרא רשות הרבים. ולכן הג"ר נתבטלו אחוריהם ולא מתו, **ושבעה מלכים מתו פנים ואחור,** כי יצאו בלי תיקון כלל.

ע"ח ש"ט פ"ז מ"ב דמ"ו ע"ד – ויצאו שבעה תחתונות מדעת ולמטה בלבד, וכולם יצאו מן בינה דז"א הכלולה תוך אימא עילאה כנזכר לעיל, שלא יצאה, **ואז כל השבעה מתו פנים ואחור,** וירדו בבי"ע.

25

ע"ח ח"ב ש"ל דרוש א' מ"ב דכ"ו ע"ד – גם תבין כי פרצוף האמצעי אף כי נקרא אחור בערך השלישי הפנימי מכולם, **אמנם לפעמים נקרא פנימי בערך החיצון שבכולם.** ובזה תבין מה שנתבאר אצלינו כי בעת מיתת המלכים של ז"א היה בו אחור ופנים, והוא לסבת היות בו תמיד נה"י חג"ת, ו"ק, שהם פרצוף החיצון ואמצעי כנזכר לעיל, **ואז החיצון נקרא אחור, ואמצעי פנימי בערך החיצון,** והבן זה.

26

ע"ח ש"ט פ"ח מ"ב דמ"ז ע"א – ודע כי באצילות המלכים לא יצאו בזו"ן רק השבעה מלכיות, שבשתי בחינות, **החיצונה והתיכונה,** והם **המלכות דנה"י חג"ת,** ולכן נקרא המלכים נקודות, כי נקודה היא מלכות כנזכר לקמן.

27

נהר שלום די"ב ע"ד – והענין בקיצור נמרץ, ידוע כי כל העולמות מראש א"ק עד סוף העשיה, כלולים מחיצוניות ופנימיות, וכל אחד משניהם נחלק לחיצוניות ופנימיות, **ואין לך שום בריה שאינה כלולה מחיצוניות ופנימיות,** אמנם החיצוניות דכללות כל העולמות הם העיגולים, והפנימיות הוא היושר דכל העולמות, וכל אחד נחלק לחיצוניות ופנימיות, שהם הכלים והאורות, גוף ונשמה, כי הכלים שהם

ונקראים פנים בערך הנה"י. לכן צריך **לזכור ולדעת** כי בכל מקום שנזכר פנים ואחור דז"א דמקרה המלכים, מדובר אך ורק בו"ק דז"א.

זאת ועוד כאשר מבואר כי המלכים הם בחינת ב"ן דעסמ"ב דב"ן, שהוא בחינת המלכויות דעסמ"ב דב"ן, הכוונה היא שהב"ן הזה כולל את מ"ן וב"ן דב"ן, כי[28] אין לך ניצוץ שנברא, שאינו כלול מזכר ונקבה. ולכן[29] בחינת המלכים דמיתו הם מ"ה וב"ן דב"ן דעסמ"ב דב"ן, רק שאנחנו מזכירים רק את בחינת הב"ן בלי המ"ה. ובתיקון יצא מ"ה החדש, הכולל מ"ה וב"ן דמ"ה, וכן בשם מ"ה החדש אנחנו מזכירים רק את שם מ"ה בלי הב"ן, ופשוט הוא.

גם צריך לדעת כי שמבואר לפי פשט דברי הרב ז"ל, שנשברו ומתו הכלים דמלכים, מובן כי לכל הבחינת הפנים ואחור שהם חג"ת נהי"ם דשבעה המלכים, קרה מקרה המלכים, אבל[30] **בעומק דברי** הרב ז"ל מדובר רק בפרצוף האחור, והוא פרצוף הנה"י. ר"ל המלכים שנשברו ומתו הם חג"ת נה"י דנקודים.

ועוד דבר חשוב גם[31] בחינת עולמות אבי"ע יצאו בנקודים, שהם **בעומק הדברים** אבי"ע דעובי, כמו שיתבאר לקמן.

העשר ספירות דכל פרצוף, נקרא חיצוניות בערך הפנימיות, שהם האורות והנרנח"י, המלובשים בהם. וכן בפרטות העשר ספירות הנחלקים לשלשה פרצופים, נה"י חג"ת וחב"ד, מתלבשים זה בתוך זה. **כי פרצוף דנה"י המלבישש לפרצוף חג"ת נקרא חיצוניות בערך פרצוף החג"ת המתלבש בתוכו, ופרצוף החג"ת נקרא פנימיות אליו.** ופרצוף החג"ת נקרא חיצוניות בערך פרצוף החב"ד המתלבש בו, והחב"ד הוא פנימיות אליו. וכל זה הפרצוף הכלול מחב"ד וחג"ת ונה"י נקרא חיצוניות בערך הפרצוף העליון המתלבש בו, וכן על דרך זה מפרצוף לפרצוף, עד א"ס.
28

ע"ח ש"ט פ"ז דמ"ו ע"ב – דע כי אין לך ספירה וספירה, אפילו בעשר ספירות הפרטיות שבכל פרצוף ופרצוף, שאין בו **בחינת זכר ונקבה, והם ב"ן דנקודות ומ"ה החדש**, ואמנם אין ענין ב"ן הזה והנקבה זו בחינת מלכות העשירית שיש בכל ספירה וספירה, שהיא בחינה עשירית שבכל ספירה וספירה, אלא שיש בכל ספירה עשר בחינות, וכולם דמ"ה, ועשר בחינות וכולם דב"ן, והתשע ראשונות דמ"ה וב"ן הם נקרא ט' בחינות הראשונות של ספירה ההוא, והבחינה עשירית שהוא מלכות שבאותו ספירה עצמה, היא כלולה ממ"ה וב"ן. **כלל הדברים בקיצור נמרץ כי אין לך שום ניצוץ קטן בכל האצילות, שאין בו מ"ה וב"ן.** **גמרא בבא בתרא דע"ד ע"ב** – אמר רב יהודה, אמר רב, כל מה שברא הקדוש ברוך הוא בעולמו, **זכר ונקבה בראם.**
29

רחובות הנהר ד"ג ע"ב – ובתחילה יצא שם ב"ן, שהוא שבעה קצוות זו"ן, שהם **מ"ה וב"ן דב"ן** דא"ק, והם השבעה מלכים דב"ן דמיתו, ואינם רק שבעה מלכים, אלא נפרטו לעשר ספירות, שהם עסמ"ב, והם עתיק, וא"א, ואו"א, וזו"ן דב"ן דאצילות. ואחר כך בתיקון יצא שם מ"ה החדש, שהוא שבעה קצוות זו"ן, שהם **מ"ה וב"ן דמ"ה** דא"ק, ונפרטו גם הם לעסמ"ב על דרך הנזכר לעיל.
30

ע"ח ח"ב ש"ל דרוש ה' מ"ב דכ"ח ע"ב – ונבאר עתה מה שהיה בעת מיתת המלכים, קודם העיבור, כי היה אז ז"א מבחינת ו"ק לבד, של זה הפרצוף הראשון, שכל עצמו אינו רק נה"י לבד. **ונמצא שהוא חג"ת נה"י של פרצוף דאחור.** ונמצא שהם ו"ק, אבל אינם רק נה"י לבד, ובזה לא יחלקו הדרושים הכתובים אצלינו.
31

ע"ח שי"ט פ"ה מ"ב דצ"ב ע"ב – והנה המלכים שמלכו בארץ אדום הם עשר ספירות דב"ן הכולל הנזכר לעיל. ונקודה ראשונה היא כתר דב"ן. והיא נוקבא דעתיק ודא"א, ונקודה שניה הוא אבא, צד ב"ן שבו. ונקודה שלישית אימא צד ב"ן שבה. וכל אחד משלוש נקודות אלו, היו כלולים מעשרה נקודות שלימות. אך אחר כך יצאה נקודה הרביעית, ולא יצאה כלולה מעשרה נקודות, רק בשישה נקודות התחתונות שבה לבד, ולכן נקרא בשם ו' נקודות, ועם ג"ר הרי תשעה נקודות. אחר כך יצאה נקודה חמישית, ולא יצאה כלולה מעשרה נקודות

בזמן התיקון יצא מהמצח דא"ק המלך השמיני, והוא **הדר ואשתו מהיטבאל**, הנקרא מ"ה החדש, כדי לתקן את המלכים דמיתו. לפי פשט דברי הרב ז"ל יצא רק היסוד דא"ק, **בעומק** דברי הרב ז"ל שם מ"ה החדש יצא בשיעור קומה שלם, של עסמ"ב, והשבעה[32] תחתונות דשם מ"ה החדש תקנו את המלכים שנשברו ומתו. ופשוט[33] הוא שלכל נקודה בעובי יש את שם מ"ה הפרטי דאותה נקודה.

עוד צריך לדעת כי עד פרק ו' דשער השבירה, הרב ז"ל מבאר את מקרה המלכים בכללות בנקודה אחת, עם כל זאת צריך[34] לדעת כי מהעין דא"ק יצאו חמשה[35] נקודות העומדות בעובי, שהם א"א או"א וזו"ן, ועמדו מהטבור דא"ק ולמטה, ובכל אחד ואחד מנקודות אלו היה מקרה המלכים בפרטות[36], כאשר הג"ר נשארו באצילות דאותה נקודה דכללות, ובשבעה תחתונות נשברו ומתו, וירדו לבי"ע דאותה נקודה.

שלה, רק נקודה אחת לבד, חלק עשירית שבנקודה ההיא. הרי נמצא ששרשם אינם רק חמשה נקודות, ונקרא עשרה נקודות דב"ן, ואלו יצאו ראשונה ונשברו ומתו. **ודע כי לא די אלו שיצאו בבחינת האצילות, שהם הפנים דב"ן, אלא גם אחוריהם שהם בי"ע יצאו עמהם.** ודע, כי גם באצילות יש פנים ואחור, **אך כולם נקראו פנימים בערך בי"ע שהם חיצונות.** והענין כי בבריאה היה חיצוניות הפנים דב"ן, ויצירה חיצונית דאחוריים דב"ן, ועשייה חיצונית יותר חיצון דאחוריים דב"ן. וכאשר נשברו, לא נתקנו כל מה שנשברו, רק מעט, ולא יושלמו להתברר עד ביאת המשיח במהרה בימינו אמן.
32

ע"ח ש"ט פ"ח מ"ב דמ"ז ע"ב – ואחר כך יצאו בחינת חג"ת נה"י שבז"א, נקרא הדר, ויצאו בחינת חג"ת דנה"י דנוקבא, ונקרא מהיטבאל אשתו, ואלו יצאו בתיקון אדם, כנזכר באדרא דף קל"ה ע"ב, והבן זה מאוד.
33

כרם שלמה ש"ט פ"ז אות ד' – ומה שכתב ואחר כך יצא שם מ"ה, ונתחבר עם ב"ה בכל ספירה וספירה כנזכר לעיל, בכל הפרטים. ר"ל כשיצא שם **מ"ה** יצא כנגד **כל הפרטים** דכל האצילות, דהיינו מראש עתיק עד סוף מלכות דאצילות. אבל לא יצא כנגד השבעה תחתונות לבד דכל פרצוף שנשברו, אלא יצא כנגד כל העשר ספירות **דעתיק**, ונתחבר עם עשר ספירות **דב"ן** דעתיק. וכן כנגד כל העשר ספירות דא"א, ונתחבר כנגד כל העשר ספירות דא"א. וכן העשר ספירות דאו"א וזו"ן. ואז נעשו כל העשר ספירות דעתיק וא"א מכתר שלהם, עד המלכות שבהם, כולם כלולים **ממ"ה ומב"ן**, אף על פי שבהג"ר שלהם לא היה בהם ירידה ומיתה ח"ו, על כל פנים כשיצא שם מ"ה יצא בשלמות. וכן או"א וישסו"ת וזו"ן, כולם כלולים משם **מ"ה וב"ן**, מכתר שלהם עד מלכות שבהם.
34

ע"ח ש"ט פ"ו מ"ב דמ"ה ע"ג – אמנם כפי האמת הם חמשה בחינות, כי הכתר למעלה מהמארבעה, הוא ועמו הם חמשה פרצופים, הכוללים עשר ספירות כנודע, **והנה בכל אחד מאלו החמשה פרצופים יש בו עשר ספירות גמורות.**
35

רחובות הנהר ד"ב ע"ב – ידוע כי **חמשה נקודות יצאו מעינים דא"ק מבחינת ב"ן**, וכולן יצאו שלימות, כל אחת שלימה בכל חלקי הנקודה ההיא. באופן שכל אחת ואחת כוללת חמשה פרצופים, עתיק וא"א ואו"א וזו"ן. **וסדר שבירת הכלים היה בכל נקודה ונקודה מהם, דכל אחד ואחד מהם הג"ר עתיק ואו"א שבו נתקיימו, ושבעה תחתונות זו"ן שבו נשברו**, כמבואר כל זה באורך בעץ חיים שער ט' פרק ו' ופרק ז', ופרק ג' משער י"ז, ובכמה מקומות משער הלקוטים, ומשער מאמרי הרשב"י ע"ה, וכן במבוא שערים ש"ג ח"ג פ"ו, יעו"ש.
36

נהר שלום דכ"ד ע"ד – והנה ידוע כי מיתת המלכים היתה בזו"ן דפרטות, ר"ל בזו"ן דעתיק, ובזו"ן דא"א, ובזו"ן דאבא, ובזו"ן דאימא, ובזו"ן דז"א, ובזו"ן דנוקבא, וכל פרצוף מאלו הפרצופים כלול מכל הפרצופים הנזכרים. וזה היה בפרט האחרון דפרטי פרטות, וכמבואר לעיל בהקדמה, וזה היה בפנימיות וחיצוניות פנימיות, ובחיצוניות ופנימיות דחיצוניות, דפנים ודאחור. **והכלים עם הרפ"ח ניצוצות דמלכים דעתיק נפלו לעתיק דבי"ע, ודא"א לא"א דבי"ע, ודאו"א לאו"א דבי"ע, ודזו"ן לזו"ן דבי"ע. באופן זה כי הכלים הפנימים דמלכים הנזכרים נפלו לפרצופי הבריאה. והכלים האמצעים ליצירה. וכלים החיצוניים שלהם**

שער ז׳ פרק ה׳ דרושי נקודות

היו מספר[37] סיבות למקרה המלכים דמיתו, והם מפוזרים לאורך ורוחב ספרי הרב ז״ל.

לעשיה. ונתבאר בשער השמות ובכמה מקומות, כי כדי לברור הכלים ושארית הרפ״ח דכל פרט, יורדים כל הפרצופים העליונים דאצילות בימי החול בסוד גלות השכינה, ומתלבשים בפרצופים שכנגדם למטה בבי״ע. עתיק דאצילות בעתיק דבי״ע, וא״א בא״א, ואו״א באו״א, וזו״ן בזו״ן. כלים פנימים שלהם בבריאה, ואמצעים ביצירה, וחיצונים בעשיה. ובי״ע הנזכר מתלבשים בבי״ע דחול, וזה לצורך בירורי כלים ואורות דמלכים דזו״ן דעתיק, וא״א, ואו״א, וזו״ן דאצילות שנפלו לבי״ע על סדר הנזכר. **כי הכלים הפנימים של מלכי עתיק, וא״א, ואו״א, וזו״ן דאצילות נפלו לבריאה. וכלים האמצעיים של המלכים הנזכרים ליצירה. וכלים החיצוניים שלהם לעשיה,** כנודע. ועל כן בימי החול יורדים הכלים דפרצופים העליונים דאצילות על דרך הנז״ל, לברר בחינותיהם שנשארו בבי״ע.

רחובות הנהר ד״ב ע״ב – ובהגיע האור לגבול האצילות, אירע בהם ענין ביטול המלכים, ונפלו הכלים פנימי אמצעי וחיצון עם אורות דרפ״ח, **לבי״ע התחתונים** דאותה הספירה.

37

ט״ז סיבות למקרה המלכים

א. השבע מלכים יצאו מבחינת מלכיות, נפש, עגולים. ע״ח ש״ח פ״א, ע״ח ש״ט פ״ח, מבוא שערים ש״ב ח״א פ״ג.

ב. הג״ר יצאו בצורת סגולתא, וכל אחת כלולה מעשר, ומתפשטים בסוד קוין שכולם קשורים זה בזה, והז״ת יצאו בבחינת חד סמכא, ונפרדים זה מזה בסוד רשות הרבים, ולא בסוד מיתקלא. ע״ח ש״ט פ״ג, ע״ח ש״ט פ״ה, ע״ח שי״א פ״ה.

ג. כלי הו״ק לא יכלו לסבול יותר אורות מחלקם, והם קיבלו כל אחד חלקו וחלק חברו התחתון ממנו, ולא כן כשהיו בג״ר היו מתבטלים בערכם. ע״ח ש״ח פ״ה, מבוא שערים ש״ב ח״א פ״ו.

ד. האור של העשר ספירות פרצוף שלם, והכלים קטנים, נפרדים, וחסרים. ע״ח ש״ט פ״ה, ע״ח ש״י פ״ה, מבוא שערים ש״ב ח״ב פ״ב.

ה. הג״ר יצאו בגוף אחד, והיה בהם כח לקבל האור, השבע תחתונים יצאו נפרדות וחסרות, ולא יכלו לקבל האור שלהם. מבוא שערים ש״ב ח״ב פ״ג.

ו. הג״ר אין הדין ניכר בהם, והם רחמים, השבע תחתונים דינים נתגלו בהם, ולא יכלו לסבול אור הרחמים. מבוא שערים ש״ב ח״ב פ״ג.

ז. הנקודים יצאו מבחינת חיצוניות סמ״ב דס״ג וחיצוניות עסמ״ב דב״ן, שהם הענפים, והשורשים נשארו בפנימיות א״ק, ולא היה בכח הענפים לקבל את האור. ע״ח ש״ה פ״א, מבוא שערים ש״ב ח״ב פ״ג.

ח. הג״ר קבלו במקום שבולת הזקן אור האוזן, וגם אורות חוטם פה, והז״ת קבלו אורות החוטם פה משבולת הזקן ועד מקום הטבור. ע״ח ש״ח פ״ב, ע״ח שי״א פ״ה, מבוא שערים ש״ב ח״ב פ״ג.

ט. מלכי הנה״י דינין תקיפין, רצו להתגבר על מלכי החג״ת שהם רחמים. שער ההקדמות הקדמה אחת בטרם שנאצל עולם האצילות דל״ג ע״ג. ע״ח ש״ט פ״ה דמ״ה ע״א.

י. הג״ר דו״ק נשארו בפנימיות המאציל. מבוא שערים ש״ב ח״א פ״ה.

י״א. הג״ר לא נתקנו כפרצוף, לכן האור שיצא מהם לז״ת לא יכלו לקבלו. ע״ח שמ״ז פ״ה, שער ההקדמות דרושי אבי״ע דרוש ג׳ דע״ג ע״ג.

י״ב. לא היתה אהבה בין ספירה לספירה, וכל ספירה היתה יראה מהספירה שמעליה ומהספירה שמתחתיה. ע״ח שי״א פ״ה, שער ההקדמות הקדמה אחת בטרם שנאצל עולם האצילות דל״ב ע״ג.

י״ג. הסיגים מעורבים בכלים, והם גורמים פירוד. מבוא שערים ש״ב ח״ב פ״ג.

י״ד. לא נכנס האור על ידי התלבשותו בנה״י דישסו״ת בסוד כ״ל צמ״א, אלא באופן ישיר, ורק בתיקון התלבשו האורות בנה״י דישסו״ת. שער ההקדמות דרוש ה׳ בזמן העיבור השני דמוחין דל״ח ע״ב.

ט״ו. לא נתכללו אחד עם השני, וכל אחד מהמלכים היה בחינה בפני עצמה. ע״ח ש״ט פ״ג, מבוא שערים ש״ב ח״ב פ״ג.

ט"ז. תכלית כוונת המאציל היתה להוציא ולעשות בחינת קליפות לצורך הנבראים, כדי לתת שכר לצדיקים, ועונש לרשעים. ע"ח שי"א פ"ה.

שער ח' פרק ה'

ונחזור לבאר סדר יציאת ז' מלכים אלו מתוך הבינה ואיך נשברו הנה ראשונה יצאו כולם מתוך הבינה והיו כלולים באור הדעת ונכנסו עמו בכלי שלו. והנה נודע כי ו')נ"א ז'(מלכים אלו הם בחי' ו"ק דז"א וכל א' אינו גדול מחבירו כי כל א' הוא קצה א' גדול כחבירו ולכן לא היה כח בשום כלי מהתחתונים לסבול בתוכו יותר מחלק אור המגיע לחלקו בלבד וכאשר יצא כולם כלולים בדעת לא היה יכול הכלי לסבול את כולם ונשבר וירד למטה כמ"ש בע"ה. אח"כ יצאו ו' אורות האחרים בכלי חסד וגם הוא לא היה יכול לסובלם ונשבר וירד למטה כמ"ש בע"ה. וכבר נת"ל כי ז' אורות הם אלא שנ"ה נחשבין לא' כי ב' פלגי דגופא הם ואח"כ ירדו הה' אורות בכלי של גבורה וירד ג"כ עמהם הרשימו של חסד פי' כי נודע שכל הה' ספירות מחסד עד הוד כל אחד מהם נותן חד רשימו שלו בספירת יסוד כי לסבה זאת נקרא יסוד. כל, לפי שהוא כולל כולם וע"כ כ"א מוריד רשימו חד ליסוד ולא יכול לסבול ומת ונשבר. ואח"כ ירדו הד' אורות וב' רשימין של חו"ג בכלי הת"ת ונשבר גם הוא וירד וכעד"ז עד שירדו שני)נ"א ב'(אורות וה' רשימין בכלי היסוד ולא היה יכול לסובלם ונשבר וגם הוא ירד וכשבא אור המלכות לא בא אלא הוא לבדו וע"ז לא היה יכול לסבול ונשבר גם הוא וירד. וטעם הדבר כמו שהודעתיך למעלה כי העקודים כאשר חזרו האורות שנית להכנס בכלים שלהם לא נכנסו ממש בכליהם רק בכתר נכנס אור החכמה וכו' ובכלי היסוד נכנס אור המל' ונשאר כלי המלכות ריקם אשר לסבה זאת נקרא המלכות אספקלריא דלא נהרא דלית לה מגרמה כלום ונקרא עניה ודלה)וכל זה(כי האור שנכנס אח"כ בכלי של המלכות אינה אור שלה רק אור חדש מזווג או"א כמבואר אצלינו וזה ענין מ"ש לעיל אספקלריא דלא נהרא דלית לה מגרמה כלום רק האור שלה הוא ממקום אחר וזכור ענין זה. והנה כיון שכל אלו הכלים של הנקודים נעשים בהסתכלות העין בעקודים כנ"ל לכן כיון ששם)נ"א שכאן(היה חסר בחינת אור המלכות מן הכלי הכלי שלה גם זה הכלי של המל' דנקודים היה חסר ולא יכלה לקבל אור שלה ונשברה.

פרק ה' מ"ת

דרוש זה מקורו מספר אוצרות חיים וצריך לכתוב מ"ת בראש הדרוש.

בפרקים הקודמים הרב ז"ל ביאר יציאת הנקודים **דרך** העינים דא"ק, והתפשטותם מהטבור ולמטה, כן ביאר הרב ז"ל את דרך עשיית הכלים דנקודים, וכן את כניסת האורות דנקודות לכלים שלהם, ואת השמות הרמוזים בתורה הקדושה לשבעת המלכים דנקודים. עוד ביאר הרב ז"ל כי[38] הג"ר דנקודים לא נשברו, אלא בכתר היה קצת פגם, ובא"א היה ביטול באחוריים שלהם. עוד ביאר הרב ז"ל את שבירתם של שבעת הכלים התחתונים, וירידתם לבי"ע[39], כאשר הכלי

____

38

ע"ח ש"ט פ"ב מ"ד ע"ד – ואמנם הענין הוא כי ודאי שמכל עשר נקודות נפלו מהם בחינות, ובכולם היה ביטול, רק זו"**נ נפלו כולם בין בבחינת היותן אחור באחור, ובין בבחינת היותן פנים בפנים**, והנה זו נקרא מיתה, כי הכל ירד לגמרי. **אבל אבא ואמא שלא ירד מהם רק בחינת אחוריים יקרא ביטול**, ולא מיתה. וכתר שלא נפלו ממנו רק בחינת נצח הוד יסוד שלו, שנכנסו בסוד מוחין דאבא ואמא כנזכר לעיל, אשר אין בחינה זו נכנסה אפילו בערך אחוריים, לכן לא נקרא ביטול **בכתר רק פגם בעלמא**. עוד יש טעם אחר והוא כי אינו נקרא מיתה, רק מי שהולך מעולם לעולם, ונבדל מעולמו, ולכן שבעה מלכים שהיו באצילות, וירדו אל הבריאה, יקרא מיתה ממש.

39

ע"ח ש"ט פ"ז מ"ב דמ"ו ע"ב - והנה כאשר יצאו כל האצילות מבחינת ב"ן לבד, והיה כולל עתיק, וא"א, וא"א, וזו"ן. ואז יצאו תחלה כל הכלים שלהם זה תחת זה עד סיום עולם האצילות, ואחר כך יצאו אורות כל פרטי אצילות, ויצא תחלה כתר דעתיק דאצילות, שבו נכללין כל האורות, ונתקיים, ואחר כך יצאה חכמה דעתיק בכלי שלו, ובו היו כלולים כל שאר האורות ונתקיים, ואחר כך יצאה בינה דעתיק, ובו כלולין כל שאר האורות ונתקיים, ואחר כך יצאו שבעה תחתונות דעתיק,)נ"א דדעת(הדעת למטה כל אחד כלול בכלי שלו, ובו כלולים כל שאר האורות, והיה נשבר, **וירד פנימיות הכלי לבריאה, וחיצוניות הכלי ירד ביצירה, וחיצוניות של חיצוניות בעשייה**, ואחר כך האור ההוא נשאר בלי כלי, ושאר האורות ירדו בכלי השני של השבעה תחתונות, וגם הוא נשבר על דרך הנזכר לעיל,)נ"א נשאר ע"ד הנ"ל(והאור שלו נשאר בלי לבוש, ושאר האורות ירדו לכלי שלמטה ממנו, וכן על דרך זה עד שנגמרו שבעה תחתונות שלו, ואחר כך נכנס הכתר דאריך אנפין בכלי שלו.................

נהר שלום דכ"ד ע"ד – והנה ידוע כי מיתת המלכים היתה בזו"ן דפרטות, ר"ל בזו"ן דעתיק, ובזו"ן דא"א, ובזו"ן דאבא, ובזו"ן דאימא, ובזו"ן דז"א, ובזו"ן דנוקבא, וכל פרצוף מאלו הפרצופים כלול מכל הפרצופים הנזכרים. וזה היה בפרט האחרון דפרטי פרטות, וכמבואר לעיל בהקדמה, וזה היה בפנימיות וחיצוניות דפנימיות, ובחיצוניות ופנימיות דחיצוניות, דפנים ודאחור. **והכלים עם הרפ"ח ניצוצות דמלכים דעתיק נפלו לעתיק דבי"ע, ודא"א לא"א דבי"ע, ודאו"א לאו"א דבי"ע, ודזו"ן לזו"ן דבי"ע. באופן זה כי הכלים הפנימיים דמלכים הנזכרים נפלו לפרצופי הבריאה. והכלים האמצעיים ליצירה. וכלים החיצוניים שלהם לעשיה**. ונתבאר בשער השמות ובכמה מקומות, כי כדי לברר הכלים ושארית הרפ"ח דכל פרט, יורדים כל הפרצופים העליונים דאצילות בימי החול בסוד גלות השכינה, ומתלבשים בפרצופים שכנגדם למטה בבי"ע. עתיק דאצילות בעתיק דבי"ע, וא"א בא"א, ואו"א באו"א, וזו"ן בזו"ן. כלים פנימיים שלהם בבריאה, ואמצעיים ביצירה, וחיצוניים בעשיה. ובי"ע הנזכר מתלבשים בבי"ע דחול, וזה לצורך שארית בירורי כלים ואורות דמלכים דזו"ן דעתיק, וא"א, ואו"א, וזו"ן דאצילות שנפלו לבי"ע על סדר הנזכר. **כי הכלים הפנימים של מלכי עתיק, וא"א, ואו"א, וזו"ן דאצילות נפלו לבריאה. וכלים האמצעיים של המלכים הנזכרים ליצירה. וכלים החיצוניים שלהם לעשיה**, כנודע. ועל כן בימי החול יורדים הכלים דפרצופים העליונים דאצילות על דרך הנז"ל, לברר בחינותיהם שנשארו בבי"ע.

הפנימי של השבעה תחתונות נפל לבריאה, האמצעי ליצירה, והחיצון לעשיה. בפרק זה הרב ז"ל מוסיף עוד פרטים על הסיבה ואופן השבירה של המלכים. כאן הרב ז"ל מוסיף את בחינת **הרשימו**, הרשימו הנזכרים כאן הם בחינת **חמישה חסדים המתפשטים בהג"ת נ"ה**, ולא הרשימו של אורות, שהם בחינת המלכויות של האורות. **עוד צריך לדעת** כי פרק זה הרב לא מבאר לאיפה נפלו הכלים דנקודים, וגם הוא לא מבאר מה קרה עם האורות דנקודים שנשארו באצילות, וכל[40] זה מבאר הרב ז"ל בשער השבירה. כבר[41] נתבאר בפרקים הקודמים כי היו מספר סיבות למקרה המלכים.

רחובות הנהר ד"ב ע"ב – ובהגיע האור לגבול האצילות, אירע בהם ענין ביטול המלכים, ונפלו הכלים פנימי אמצעי וחיצון עם אורות דרפ"ח, **לבי"ע התחתונים** דאותה הספירה.

40

ע"ח ש"ט פ"ג מ"ת דמ"ב ע"ד – ונבאר סדר יציאת שבעה מלכים, ונתחיל מן הראשון שהוא **הדעת**, אשר זה יצא ראשונה, וכאשר לא היה יכול הכלי לסבול כנ"ל נשבר הכלי וירד למטה בעולם הבריאה, ר"ל במקום שהיה עתיד להיות עולם הבריאה אחר כך, כי הרי עדיין לא נברא עולם הבריאה, **ונפל הכלי הזה במקום הדעת דבריאה**, להיותו מתייחס אליו כמוהו, ואמנם אור של הדעת ירד גם הוא, אלא שנשאר באצילות עצמו **במקום כלי המלכות של האצילות**, ואמנם לא ירד שם לסיבת פגם אשר בו, כי הרי נתבאר לעיל כי השבירה היתה בכלים לא באורות, ואלו היה ירידתו שם משום פגם, היה ראוי שנייחס ביטול אל האורות על דרך שייחסנו ביטול אל הכלים דאחוריים דא"א שנפלו דוגמתן באצילות עצמו, ואמנם ירידתן היתה כדי להאיר מרחוק בכלי שלו העומד בבריאה, שלא ימות לגמרי, וישאר בלתי תקוה, לכן מאיר בו מרחוק בהיותו עומד הוא באצילות, והוא בבחינת תגין על האותיות כנ"ל. ואחר כך יצא **החסד**, ונשבר הכלי **וירד בבינה דבריאה**, והאור ירד **במקום כלי היסוד דאצילות**, כי כבר אור הדעת הקדים לקחת מקום של המלכות. ואחר כך יצאה **גבורה** ונשברה, **וירד הכלי בחכמה דבריאה**, והאור ירד **בכלי דנצח הוד דאצילות**, שהם ב' פלגי דגופא. ואחר כך יצאה התפארת, ונשבר, והכלי **ירד בכתר דבריאה**, והאור נשאר במקומו, שהוא בתפארת דאצילות...... אחר כך מלכו **נצח הוד** והיו צריכין לבא למלוך במקומם בכלי הראוי להם, והנה לא מצאו מקום פנוי, כי שם ירד אור הגבורה כנזכר לעיל, ולכן הוצרכה הבינה להתפשט דרך קו שלה שהוא צד שמאלי עד מקום הראוי להיות אחר כך מקום הגבורה האמיתי, אחר התיקון כי עתה היו כולם זה על גבי זה ואז כראות אור הגבורה כי כבר היה בחינת כלי במקומו עלתה לה במקומה, והכלי שלה בהתרחק האור שלה ממנו נתרחק גם הוא וירד עד היסוד דבריאה, ואז ירדו נצח הוד במקומם האמיתי ומלכו שם בכלי שלהם ונשברו, **ואז האור שלהם עולה עד הגבורה**, כי עלה שם הוד להיותו גם הוא קו שמאל, ואז גם הנצח עלה עמו שם כי נצח הוד ב' פלגי דגופא אינון כנזכר לעיל, **והכלי שלהם ירד בנצח הוד דבריאה**. ואחר כך יצא אור **היסוד**, והנה היה במקומו אור החסד כנזכר לעיל, ואז הוצרכה כלי החכמה להתפשט דרך קו ימיני עד מקום הראוי להיות חסד האמיתי אחר התיקון, ואז עלה שם אור החסד ונכלל בכלי החכמה, והכלי של החסד ירד עד התפארת דבריאה, ואז יצא היסוד ונכנס בכלי שלו, ומלך במקומו ונשבר, **ועלה האור דרך קו האמצעי ועלה עד מקום דעת העליון, והכלי ירד בגבורה של בריאה**. ואחר כך נבאר למה עלה אור היסוד למעלה מן התפארת עד הדעת. ואחר כך יצא אור **המלכות** למלוך בכלי שלה, ומלכה שם ונשברה, **ואז האור שלה עלתה גם כן בדעת** דרך קו האמצעי, **והכלי שלה ירד בחסד של בריאה......**

41

ט"ז סיבות למקרה המלכים

א. השבע מלכים יצאו מבחינת מלכויות, נפש, עגולים. ע"ח ש"ח פ"א, ע"ח ש"ט פ"ח, מבוא שערים ש"ב ח"א פ"ג.

ב. הג"ר יצאו בצורת סגולתא, וכל אחת כלולה מעשר, ומתפשטים בסוד קוין שכולם קשורים זה בזה, והז"ת יצאו בבחינת חד סמכא, ונפרדים זה מזה בסוד רשות הרבים, ולא בסוד מיתקלא. ע"ח ש"ט פ"ג, ע"ח ש"ט פ"ה, ע"ח שי"א פ"ה.

ג. כלי הו"ק לא יכלו לסבול יותר אורות מחלקם, והם קיבלו כל אחד חלקו וחלק חברו התחתון ממנו, ולא כן כשהיו בג"ר היו מתבטלים בערכם. ע"ח ש"ח פ"ה, מבוא שערים ש"ב ח"א פ"ו.

ד. האור של העשר ספירות פרצוף שלם, והכלים קטנים, נפרדים, וחסרים. ע"ח ש"ט פ"ה, ע"ח ש"י פ"ה, מבוא שערים ש"ב ח"ב פ"ב.

שער זז' פרק ה' דרושי נקודות

דע כי בכל מקום שהרב ז"ל מבאר כי המלכים דמיתו ירדו לעולם הבריאה, הכוונה[42] היא לכל עולמות בי"ע, כאשר הכלי הפנימי ירד לעולם הבריאה, הכלי האמצעי לעולם היצירה, והכלי החיצון לעולם העשיה.

ה. הג"ר יצאו בגוף אחד, והיה בהם כח לקבל האור, השבע תחתונים יצאו נפרדות וחסרות, ולא יכלו לקבל האור שלהם. מבוא שערים ש"ב ח"ב פ"ג.

ו. הג"ר אין הדין ניכר בהם, והם רחמים, השבע תחתונים דינים נתגלו בהם, ולא יכלו לסבול אור הרחמים. מבוא שערים ש"ב ח"ב פ"ג.

ז. הנקודים יצאו מבחינת חיצוניות סמ"ב דס"ג וחיצוניות עסמ"ב דב"ן, שהם הענפים, והשורשים נשארו בפנימיות א"ק, ולא היה בכח הענפים לקבל את האור. ע"ח ש"ה פ"א, מבוא שערים ש"ב ח"ב פ"ג.

ח. הג"ר קבלו במקום שבולת הזקן אור האוזן, וגם אורות חוטם פה, והז"ת קבלו אורות החוטם פה משבולת הזקן ועד מקום הטבור. ע"ח ש"ח פ"ב, ע"ח שי"א פ"ה, מבוא שערים ש"ב ח"ב פ"ג.

ט. מלכי הנה"י דינין תקיפין, רצו להתגבר על מלכי החג"ת שהם רחמים. שער ההקדמות הקדמה אחת בטרם שנאצל עולם האצילות דל"ג ע"ג.

י. הג"ר דו"ק נשארו בפנימיות המאציל. מבוא שערים ש"ב ח"א פ"ה.

י"א. הג"ר לא נתקנו כפרצוף, לכן האור שיצא מהם לז"ת לא יכלו לקבלו. ע"ח שמ"ז פ"ה, שער ההקדמות דרושי אבי"ע דרוש ג' דע"ג ע"ג.

י"ב. לא היתה אהבה בין ספירה לספירה, וכל ספירה היתה יראה מהספירה שמעליה ומהספירה שמתחתיה. ע"ח שי"א פ"ה, שער ההקדמות הקדמה אחת בטרם שנאצל עולם האצילות דל"ב ע"ג.

י"ג. הסיגים מעורבים בכלים, והם גורמים פירוד. מבוא שערים ש"ב ח"ב פ"ג.

י"ד. לא נכנס האור על ידי התלבשותו בנה"י דישסו"ת בסוד כ"ל צמ"א, אלא באופן ישיר, ורק בתיקון התלבשו האורות בנה"י דישסו"ת. שער ההקדמות דרוש ה' בזמן העיבור השני דמוחין דל"ח ע"ב.

ט"ו. לא נתכללו אחד עם השני, וכל אחד מהמלכים היה בחינה בפני עצמה. ע"ח ש"ט פ"ג, מבוא שערים ש"ב ח"ב פ"ג.

ט"ז. תכלית כוונת המאציל היתה להוציא ולעשות בחינת קליפות לצורך הנבראים, כדי לתת שכר לצדיקים, ועונש לרשעים. ע"ח שי"א פ"ה
42

ע"ח ש"ט פ"ז מ"ב דמ"ו ע"ב – והנה כאשר יצאו כל האצילות מבחינת ב"ן לבד, והיה כולל עתיק, וא"א, ואו"א, וזו"ן. ואז יצאו תחלה כל הכלים שלהם זה תחת זה עד סיום עולם האצילות, ואחר כך יצאו אורות דב"ן כל פרטי אצילות, ויצא תחלה כתר דעתיק דאצילות, שבו נכללין כל האורות, ונתקיים, ואחר כך יצאה חכמה דעתיק בכלי שלו, ובו היו כלולים כל שאר האורות ונתקיים, ואחר כך יצאה בינה דעתיק, ובו כלולין כל שאר האורות ונתקיים, ואחר כך יצאו שבעה תחתונות דעתיק,)נ"א דדעת(הדעת למטה כל אחד כלול בכלי שלו, ובו כלולים כל שאר האורות, והיה נשבר, **וירד פנימיות הכלי לבריאה, וחיצוניות הכלי ירד ליצירה, וחיצוניות של חיצוניות בעשייה,** ואחר כך האור ההוא נשאר בלי כלי, ושאר האורות ירדו בכלי השני של השבעה תחתונות, וגם הוא נשבר על דרך הנזכר לעיל,)נ"א נשאר ע"ד הנ"ל(והאור שלו נשאר בלי לבוש, ושאר האורות ירדו לכלי שלמטה ממנו, וכן על דרך זה עד שנגמרו שבעה תחתונות שלו, ואחר כך נכנס הכתר דאריך אנפין בכלי שלו..............

נהר שלום דכ"ד ע"ד – והנה ידוע כי מיתת המלכים היתה בזו"ן דפרטות, ר"ל בזו"ן דעתיק, ובזו"ן דא"א, ובזו"ן דאבא, ובזו"ן דאימא, ובזו"ן דז"א, ובזו"ן דנוקבא, וכל פרצוף מאלו הפרצופים כלול מכל הפרצופים הנזכרים. וזה היה בפרט האחרון דפרטי פרטות, וכמבואר לעיל בהקדמה, וזה היה בפנימיות וחיצוניות פנימיות, ובחיצוניות ופנימיות דחיצוניות, דפנים ודאחור. **והכלים עם הרפ"ח ניצוצות דמלכים דעתיק נפלו לעתיק דבי"ע, ודא"א לא"א דבי"ע, ודאו"א לאו"א דבי"ע, ודזו"ן לזו"ן דבי"ע. באופן זה כי הכלים הפנימיים דמלכים הנזכרים נפלו לפרצופי הבריאה. והכלים האמצעיים ליצירה. וכלים החיצוניים שלהם לעשיה.** ונתבאר בשער השמות ובכמה מקומות, כי כדי לברור הכלים ושארית הרפ"ח דכל פרט, יורדים כל הפרצופים העליונים דאצילות בימי החול בסוד גלות השכינה, ומתלבשים בפרצופים שכנגדם למטה בבי"ע. עתיק דאצילות בעתיק דבי"ע, וא"א בא"א, ואו"א באו"א, וזו"ן בזו"ן. כלים פנימים שלהם בבריאה, ואמצעיים ביצירה, וחיצוניים בעשיה. ובי"ע הנזכר מתלבשים בבי"ע דחול, וזה לצורך שארית בירורי כלים

שער ז' פרק ה' דרושי נקודות

ידוע כי ג"ר נקראים פנים בערך ו"ק, והוא כי כל[43] פרצוף נחלק לג' חלקים חב"ד חג"ת נה"י, כאשר חב"ד נקראים כלים פנימים, חג"ת נקראים כלים אמצעיים, ונה"י נקראים כלים חיצוניים. גם הם נקראים[44] נר"ן, כאשר נה"י הוא בכללות נקרא נפש, חג"ת רוח, וחב"ד נשמה. הרב ז"ל מבאר[45] בכל המקומות על שבירה, מיתה, וירידת **פנים ואחור** דשבעה

ואורות דמלכים דזו"ן דעתיק, וא"א, ואו"א, וזו"ן דאצילות שנפלו לבי"ע על סדר הנזכר. **כי הכלים הפנימים של מלכי עתיק, וא"א, ואו"א, וזו"ן דאצילות נפלו לבריאה. וכלים האמצעיים של המלכים הנזכרים ליצירה. וכלים החיצוניים שלהם לעשיה**, כנודע. ועל כן בימי החול יורדים הכלים דפרצופים העליונים דאצילות על דרך הנז"ל, לברר בחינותיהם שנשארו בבי"ע.
רחובות הנהר ד"ב ע"ב – ובהגיע האור לגבול האצילות, אירע בהם ענין ביטול המלכים, ונפלו הכלים פנימי אמצעי וחיצון עם אורות דרפ"ח, **לבי"ע התחתונים** דאותה הספירה.

43

ע"ח ח"ב ש"ל דרוש א' מ"ב דכ"י ע"א – דע כי ז"א יש לו ג' פרצופים, וכל אחד כלול מעשרה ספירות, והם זה תוך עשרה, תוך עשרה, ועשרה אחרים בפנימיות כולם. ואלו השלושה פרצופים הם כולם בחינת כלים, והם שלושים כלים, וכולם הם ביחד גוף א'חד, וכלי אחד, ובתוכו יש האורות, שהם נר"ן וכו', ובהיות שלשתן יחד זה תוך זה הם שוים בקומתן, אבל לפעמים אין לז"א רק פרצוף החיצון מהם בלבד, ולפעמים שניהן, ולפעמים שלשתן. ובתחלה מתחיל הז"א להיות בו **פרצוף החיצון**, ואז הוא שיעור קומתו הוא שליש גדולתו לבד והוא **כשיעור קומת נה"י** אחר הגדלות האחרון. ואחר כך נכנס בו **פרצוף אמצעי**, ומתלבש בתוך החיצון, ואז נגדל ז"א ב' שלישי קומתו, **שהם נה"י וחג"ת**, בין בחינת פרצוף החיצון ובין פרצוף האמצעי, כי אמצעי גורם אל החיצון שיגדל כמוהו. ואחר כך נכנס בו **הפרצוף הפנימי**, ומתלבש בתוך האמצעי, ואז גם ב' הפרצופים החיצון ואמצעי נגדלים כארך הפרצוף הפנימי, ואז נשלם ז"א כשיעור קומתו לג' הפרצופים. והוא כאלו נמשיל משל, **כי החיצון שיעור קומתו כשיעור נה"י דז"א בגדלות, והאמצעי כשיעור נה"י וחג"ת דגדלות, והפנימי כשיעור נה"י חג"ת חב"ד בגדלותו**. ולכן בבא האמצעי מגדיל את החיצון כמוהו, ובבא הפנימי מגדיל שניהן כמוהו.
ע"ח שי"ט פ"י מ"ב דצ"ה ע"ג – והנה הכלים הם שלושה, בחינת **חיצון ואמצעי ופנימי**.
ע"ח ח"ב ש"ל דרוש ב' מ"ב דכ"ז ע"א – באופן כי יש לכל פרצוף עשר ספירות, הנקרא כלים, ונחלקים לג' חלקים, והם עשר כלים חיצוניות, מדור אל הנפש. ועשר כלים מלובשים תוך חיצוניות, והם מדור אל הרוח. ועשר כלים פנימים מלובשים תוך הכלים אמצעים, והוא מדור אל הנשמה. והם הם שלושים כלים, אבל גובה קומתן אינם אלא עשרה, לפי שהם עשר תוך עשר, ועשר תוך עשר.

44

נהר שלום, דרוש הדעת דמ"א ע"ג – ונבאר עתה כל זה בפרטות פרצוף אחד שהוא זעיר, וממנו תקיש בכללות כל הפרצופין יחד, דע כי ז"א הוא פרצוף אחד כולל עצמות וכלים, והכלים שבו הם נכללים בג', כי הכבד למטה, וכולל עשר מדות שהם כל האיברים, ומתלבש ע"י הורידין שבו, בכל הגוף. והלב גבוה ממנו, וכולל עשר מדות, ומתלבש תוך בחינת הכבד, ע"י הדפקים שבו, ומתפשט בכל הגוף, והמוח גבוה מכולם, וכולל עשר מדות, מתלבשים תוך בחינת הלב, ע"י הגידים, המתפשטים ממנו, ומתפשט בכל הגוף, ועד"ז ממש נחלק העצמות בג', נשמה ורוח ונפש, מתלבשים זה בתוך זה, ומתפשטים בכל הגוף, לכן הכבד משכן הנפש, והלב משכן הרוח, והמוח משכן הנשמה.

45

ע"ח ש"ח פ"ב מ"ת ל"ו ע"ג – אמנם השבעה מלכים תתאין מתו, לפי שכליהם נעשו מהסתכלות עין בחותם פה לבד, והיה חסר מהם אור האזן העליונה. והנה גם בג"ר עצמם יש בהם חילוק בין זו לזו, והוא)נב"א והנה(כי מן הכתר לא ירד ממנו אפילו האחוריים, אלא האחוריים של נה"י בלבד. אבל באו"א של הנקודים ירדו האחוריים שלהם לבד, ונשארו הפנים במקומם. וטעם הדבר הוא כי אלו האורות שנמשכים עד שבולת הזקן נחלקו לשלושה, כי הכתר לקח מבחינת האזן עצמה ממה שהראייה שואבת בהסתכלות באור האזן, ומכל שכן שנכללים בו שני אורות אחרים, ומזה נעשה כלי לכתר נקודים. ואבא לקח ממה שהראייה שואבת מאורות החותם, וגם אור הפה נכלל בו. והנה הכתר שלקח מן האזן הארתו גדולה מאד לא נשבר כלי שלו, אבל או"א שאין לוקחין רק מן החותם ופה נשברו האחוריים של כליהם. והנה או"א אם היו מקבלים אור זה של חותם ופה של א"ק, בהיותו למעלה קרוב אל מקום נקבי האזן, אף על פי שלא היו מקבלין מאורות האזן עצמה, רק קצת הארה היו מתקיימין האחוריים של כליהם, אבל כיון שאין מקבלין רק מסיום האזן שהוא מקום שבולת

28

התחתונות דנקודות, לפי פשט הדברים נראה שחב"ד חג"ת ונה"י דמלכים נשברו ומתו וירדו לעולמות בי"ע. עם[46] כל זאת רק חג"ת נהי"מ דמלכים נשברו ומתו, שהם הבחינה החיצונה והאמצעית, והסיבה[47] שהרב ז"ל קורא לחג"ת נה"י פנים ואחור היא שמדובר בערכין, כי חג"ת נקראים אחור בערך חב"ד, ונקראים פנים בערך הנה"י. לכן צריך **לזכור ולדעת** כי בכל מקום שנזכר פנים ואחור דז"א דמקרה המלכים, מדובר אך ורק בו"ק דז"א.

הזקן, לכן אף על פי שלוקחין קצת הארה אינו מועיל להם, ולכן נשברו האחוריים של כליהם. אבל הכתר כיון שלוקחא אור האזן ממש אף על פי שלקחו סיומו כיון שהוא לוקח עצמותו, די בזה ולא נשבר אפילו האחוריים של כלים דידיה. מה שאין כן באו"א שאינן לוקחין רק הארה בעלמא, וגם שהוא ברחוק מקום. והרי נתבאר שלושה בחינות אלו, והם כי הכתר נתקים כולו. ואו"א נשברו ונפלו האחוריים שלהם. **וזו"ן נפלו פנים והאחוריים שלהם**, והנה זהו הטעם שנרמז בפסוק והארץ היתה תהו ובהו, אשר הוא מדבר בענין מיתת המלכים של הנקודים כנזכר לעיל.

ע"ח ש"ח פ"ו מ"ת דט"ל ע"ג – וכבר נתבאר לעיל כי אלו שבעת מלכים לקחו אורם מגוף א"ק שתחת שבולת הזקן, ולא מלעלה. נמצא שהם חסרים בחינת שלושה אורות עליונים שהם אח"פ, **כי לכן נשברו הפנים והאחוריים שלהם**. ואלו הם בחינת ג' תגין שיש למעלה על כל אות מאלו השבעה הנזכר לעיל. כי הם מורים על הסתלקות האורות והחיות מן הכלים, שהם אותיות, ונשאר האור למעלה מהם ולא בתוכם, כדרך צורת התגין על האותיות. אבל האותיות בד"ק חי"ה הם אחוריים דאו"א שירדו.

ע"ח ש"ט פ"ג מ"ת דמ"ב ע"ד – ונבאר עתה איך בעת מיתת המלכים אלו ירדו הכלים שלהם לעולם הבריאה כנזכר לעיל, משאין כן בארבעה אחוריים דאו"א. כי הנה נתבאר החילוק שהיה בין או"א לשבעה המלכים, שהם זו"ן, ואמרנו כי השבעה מלכים שהם זו"ן מתו ממש, וירדו אל עולם הבריאה, הכלים שלהם ואחוריים של או"א נתבטלו ולא מתו, אלא שירדו למטה בעולם אצילות עצמו, ושם ביארנו טעם לזה, ואמרנו שהיה לסיבה שהשבעה מלכים לא קבלו אורות אח"פ דא"ק, רק מגופא דיליה ואילך. והנה לטעם זה עצמו היה גם כן שינוי אחר בין ג"ר שהם כח"ב, אל השבעה מלכים התחתונים, כי הג"ר יצאו בקצת תיקון בראשונה, והוא כי כאשר יצאו בראשונה נתפשטו כסדר ג' קוין, מה שאין כן שבעה תחתונות שיצאו זו למטה זו, וזה שכתוב באדרא רבא - עד אימת ניתב בקיימא דחד סמכא, ר"ל נתקן התיקון שהוא דרך קוין, אבל קודם שהיו זה על גבי זה, הוי קיומא דחד סמכא. וכבר ביארנו כי התיקון האצילות הוא בהיות ששה קצות עשוי בבחינת ג' קוים קשורים זה בזה, בסוד השלישי המכריע ביניהן, ואז נקרא רשות היחיד. אבל בהיותן זה על גבי זה והם נפרדין אחת מחברתה, אז נקרא רשות הרבים. ולכן הג"ר נתבטלו אחוריהם ולא מתו, **ושבעה מלכים מתו פנים ואחור**, כי יצאו בלי תיקון כלל.

ע"ח ש"ט פ"ז מ"ב דמ"ו ע"ד – ויצאו שבעה תחתונות מדעת ולמטה בלבד, וכולם יצאו מן בינה דז"א הכלולה תוך אימא עילאה כנזכר לעיל, שלא יצאה, **ואז כל השבעה מתו פנים ואחור**, וירדו בבי"ע.

[46]

ע"ח ח"ב ש"ל דרוש א' מ"ב דכ"ו ע"ד – גם תבין כי פרצוף האמצעי אף כי נקרא אחור בערך השלישי הפנימי מכולם, **אמנם לפעמים נקרא פנימי בערך החיצון שבכולם**. ובזה תבין מה שנתבאר אצלינו כי בעת מיתת המלכים של ז"א היה בו אחור ופנים, והוא לסבת היות בו תמיד נה"י חג"ת, ו"ק, שהם פרצוף החיצון ואמצעי כנזכר לעיל, **ואז החיצון נקרא אחור, ואמצעי פנימי בערך החיצון**, והבן זה.

[47]

נהר שלום די"ב ע"ד – והענין בקיצור נמרץ, ידוע כי כל העולמות מראש א"ק עד סוף העשיה, כלולים מחיצוניות ופנימיות, וכל אחד משניהם נחלק לחיצוניות ופנימיות, **ואין לך שום בריה שאינה כלולה מחיצוניות ופנימיות**. אמנם החיצוניות דכללות כל העולמות הם העיגולים דכל העולמות, והפנימיות הוא היושר דכל העולמות, וכל אחד נחלק לחיצוניות ופנימיות, שהם הכלים והאורות, גוף ונשמה, כי הכלים שהם העשר ספירות דכל פרצוף, נקראא חיצוניות בערך הפנימיות, שהם האורות והנרנח"י, המלובשים בהם. וכן בפרטות העשר ספירות הנחלקים לשלושה פרצופים, נה"י חג"ת וחב"ד, מתלבשים זה בתוך זה. **כי פרצוף דנה"י המלביש לפרצוף חג"ת נקרא חיצוניות בערך פרצוף החג"ת המתלבש בתוכו, ופרצוף החג"ת נקרא פנימיות אליו**. ופרצוף החג"ת נקרא חיצוניות בערך פרצוף החב"ד המתלבש בו, והחב"ד הוא פנימיות אליו. וכל זה הפרצוף הכלול מחב"ד וחג"ת ונה"י נקרא חיצוניות בערך הפרצוף העליון המתלבש בו, וכן על דרך זה מפרצוף לפרצוף, עד א"ס.

ונחזור לבאר סדר יציאת האורות של **שבעה מלכים אלו** שהם האורות דדעת וחג"ת נהי"ם **מתוך** כלי **הבינה** כנזכר לעיל בפרק[48] ד' דשער זה, **ואיך**[49] **נשברו** ר"ל מה גרם להם להישבר.

צריך לדעת כי[50] כל כלי של כל נקודה דחג"ת נה"י הם חלק אחד מפרצוף ז"א דנקודים, וכל אחד מהם הוא באותו גודל, ולכן כל כלי מהו"ק יכול לסבול רק את האור שלו, ולא יותר. **הנה בראשונה יצאו** האורות של כל השבעה תחתונות **כולם**[51] דווקא ולא אחד אחד בעצמו לכלי שלו **מתוך** כלי **הבינה** והתלבשו בכלי הדעת, ונשאלת[52] השאלה למה לא כל אור מהשבעה אורות נכנס ישר לכלי שלו, אחת[53] מהתשובות היא כי רצה המאציל לעשות בחינת

____

48

ע"ח ש"ח פ"ד מ"ת דל"ח ע"ב – נמצא שיצא הכתר תחלה ונכנס בכלי שלו והיו כלולים בו כל התשעה אורות, ואחר כך נשאר אור הכתר בכלי שלו, ויצא אור החכמה עם שמונה אחרים כלולים בו, ונכנס בכלי החכמה, ועל דרך זה עד שסיימו כולם לכנוס בכלים שלהם. אבל דע כי כאשר אור הכתר נכנס תחלה בכלי שלו היו שאר האורות בטלים בו בערכו, שהוא גדול מכולם יחד, ולכן היה יכולת בכלי שלו לסובלו ולסבול תשעה אורות האחרים, ולא נשבר. וכן כאשר יצאה אור החכמה, ונכנס בכלי שלו היו השמונה אורות כלולים בו. וכן בצאת אור הבינה כלולה משבעה אורות, ונכנסים בכלי שלה, היו הכלים יכולים לסבול ולא נשברו, כי כולם הם בטלים בערך או"א, דמיון הבנים שבתחלה עומדים כלולים במוח אביהם בסוד טיפת מוח, וכן בהיות בנים בסוד עיבור במעי אמן, יכולין להיות שם והיא יכולה לסובלם..... ולכן היה בחינת התיקון בג"ר, ולא נשברו כלל. וכאשר היו השבעה תחתונים כלולין במעי אמם, היו שם בבחינת מ"ן המעוררין זווג עליון, אמנם בצאת משם השבעה תחתונים, שהם השבעה מלכים שמלכו בארץ אדום, ורצו ליכנס בכלים שלהם, ולא יכלו הכלים לסבול, ונשברו ומתו, כמו שנבאר בע"ה.

49

כרם שלמה ש"ח פ"ה אות א' – מה שכתב ואיך נשברו, ר"ל סיבה העיקרית שגרמה להם להישבר מה היתה. על זה הולך ומפרש מפני שכל כלי מן הו"ק באו לו אורות שלו ושל ספירות של מטה ממנו, והוא אינו גדול מחבירו שלמטה ממנו כדי שיכול לסבול אורו ואור חבירו. ואם היו יוצאים כל אחד ואחד לבדו מן הבינה, ונכנס בכלי שלו, היה יכול הכלי לסבול, אבל עכשיו שיצאו כולם בבת אחת מן הבינה, וכולם הם נכנסים בכלי הסמוך להם, לכן לא יכלו הכלים לסבול.

50

ע"ח ח"ב ש"מ דרוש ד' ד"פ ע"ד – ונמצא כי הו"ק לעולם אינם מתלבשים אלו באלו, כי כולם בחינה אחת, באות ו', וזה גדול כחבירו, ואין לזה יתרון על זה.

51

כרם שלמה ש"ח פ"ה אות א' – ותחילת יציאתם מן הבינה הם נכנסו כולם בכלי הדעת, שפני שהיו כלולים באור שלו, והואיל והוא נכנס בכלי שלו, גם הם נכנסים עמו, כי הם אגודים בו. וזהו מה שכתב - הנה יצאו כולם מתוך הבינה והיו כלולים באור הדעת, **כולם דייקא, ולא אחד אחד**.

52

כרם שלמה ש"ח פ"ה אות א' – ואם תאמר ומה יש אם יצאו כולם, והלא היה אפשר להם להמתין עד שיכנס אור הדעת לבדו בכלי שלו, והם יכנסו אחריו כל אחד בכלי שלו, לזה אמר **והיו כלולים באור הדעת**, ולכן ונכנסו עמו בכלי שלו.

53

ע"ח שי"א פ"ה מ"ת דנ"ב ע"א – הסיבה לזה כי תכלית הכוונה היה להוציא ולעשות **בחינת קליפות החיצונים**, כי הם צריכות בעולם, לתת שכר טוב לצדיקים, ולהעניש לרשעים, שהיה עתיד לברוא אחר כך. ועל כן יצאו הנקודות הנזכרים לעיל בלתי תיקון, **כדי שהכלים שלהם לא יוכלו לסבול את האור**, וישברו, **ושבירתן זו היא טהרתן**, כי אז נתבררו הזוהמא והסיגים שבהם, ונעשו קליפות הם הטומאות, כאשר היה בדעתו יתברך. ואחר כך חזר לתקנם, והקדושה שבאותן כלים נתעלו למעלה על ידי התיקון, אך לא הוברה הקדושה לגמרי כמו שנבאר בע"ה.

שער ז' פרק ה' דרושי נקודות

קליפות וחיצונים בעולמות שברא, כדי לתת חופש בחירה בידי התחתונים, ובכך לתת שכר לצדיקים ולהעניש את הרשעים, לכן הכלים לא יכלו לסבול את האורות ונשברו, ושבירתן[54] היא טהרתן, **והיו**[55][56] כל ששה האורות התחתונים שהם חג"ת נהי"מ **כלולים** ומחוברים ביחד **באור הדעת,** שבאו[57] אורות אלו **ונכנסו** כולם **עמו בכלי שלו** שהוא כלי הדעת. **והנה**[58] **נודע כי ששה (נ"א שבעה) מלכים אלו הם בזוינת ששה קצוות דז"א** והם פרצוף אחד הנקרא ז"א, והמלך השביעי הוא בחינת המלכות, **וכל**[59] **אזוד**[60] מהקצוות דז"א **אינו גדול מזוברו, כי כל אזוד הוא קצה אזוד גדול כזוברו** מפני שכולם חלקים של פרצוף ז"א, ואין הכוונה שהם באותו גודל ממש, כי[61] כל תחתון הוא קטן

54

משנה מסכת כלים פ"ב משנה א' – כלי עץ, וכלי עור, וכלי עצם, וכלי זכוכית, פשוטיהן טהורים, ומקבליהן טמאים. נשברו, טהרו. חזר ועשה מהם כלים, מקבלין טמאה מכאן ולהבא. כלי חרס וכלי נתר, טמאתן שוה. מתטמאין ומטמאין באויר, ומטמאין מאחוריהן, ואינן מטמאין מגביהן, **ושבירתן היא טהרתן.**
55

איפה שלימה, שער הנקודים פ"ו ד"ח ע"ג)א(– והיו כלולים באור הדעת וכו'. לאו דווקא כלולים, יען כי פירוש כלולים היינו כטיפת הבן שבמוח האב. אלא ר"ל שבאו כולם בכלי הדעת.
56

בית לחם יהודה ש"ח פ"ה דכ"ה ע"ד – והיו כלולים באור הדעת. ר"ל מחוברים עם אור הדעת ביחד, ואינו ר"ל כלולים כטפה שבמוח האב, כנזכר בפרק ד' דלעיל,)אש"ל(.
57

תרשים ה – א.
58

כרם שלמה ש"ח פ"ה אות א' – ואם תאמר ולמה לא יכול לסובלם, לזה אמר – והנה נודע כי שבעה מלכים אלו הם בחינת ו"ק דז"א. ר"ל הם כולם קצוות של פרצוף אחד, ולא ספירות שלמות, והואיל וכן הוא לכן **וכל אחד אינו גדול מחברו, כי כל אחד הוא קצה אחד גדול כחברו,** ולכן לא היה כח בשום כלי מהתחתונים. פירוש, מן הדעת ולמטה שנקראים ספירות תחתונים, להיותם תחתונים מן הג"ר, והם בכלל קצוות הגוף, שהם נקראו ספירות תחתונים.
59

איפה שלימה, שער הנקודים פ"ו ד"ח ע"ג)ב(– וכל אחד אינו גדול מחבירו וכו'. עיין בשער ההקדמות דף ל"ג ע"ד, ששם כתב כי כל מה שהכלי הוא תחתון, הוא קטון בכמותו יותר מהעליון וכו', יעו"ש. וכך כתב בשער הכללים פרק א' וז"ל – אך להיות שכלי התחתון הוא יותר קטן מהעליון, משום הכי נשבר וכו'. ועיין בהרב שפת אמת בשער הכללים דף נ"ט ע"ד שהקשה כן, והניח בצריך עיון. ואחר כך בדף ס' ע"ד כתב שאין קושיא זו כלום, יען שנודע כי שער הכללים הוא כולו מהחברים, ממה שקבלו הם מהמאר"י ז"ל, ולא כפי מה שקבל מהרח"ו ז"ל, עד כאן לשונו. וכן הדרוש הזה שבשער ההקדמות הוא גם כן מועתק משער הכללים בקצת שינוי, והוא מהחברים, ולא ממהרח"ו ז"ל.
60

בית לחם יהודה ש"ח פ"ה דכ"ה ע"ד – וכל אחד איננו גדול מחבירו. כמו כן כתב בפרק י' דשער י"ט, ובפרק ד' דשער מ', שאין הו"ק גדולים אחד מחבירו, יעו"ש. וקשה, והא בפרק א' ובפרק ב' דשער ל"ד סוף כלל ט', ובריש פרק ו' דשער ל"ד כתב רז"ל שהיסוד הוא רביע התפארת, בסוד ומספר את רובע ישראל, יעו"ש. וכן הנצח והוד הם ארוכים, בסוד משיכו דרגלין בגלותא. ונראה דמה שכתב וכל אחד איננו גדול מחבירו וכו', ר"ל שאין כל אחד נעשה אב לחבירו, ומתבטל התחתון בעליון, כדרך שכתב בפרק ד' דלעיל, אלא כולם הם שוים, כי כולם חלקים של פרצוף הז"א לבד. ומטעם זה לא הזכיר מלך השבעי עמהם, כי הוא פרצוף הנוקבא, ומתבטל בז"א.
61

31

ערך בערך לעליון, אלא כל תחתון לא מתבטל בעליון ממנו כמו שמבאר הבל"י, **ולכן**[62] **לא היה כזז בשום כלי מההתזזתונים** הנקראים ו"ק, **לסבול בתוכו יותר מוזלק אור המגיע לוזלקו בלבד. וכאשר יצאו כולם** שהם האורות של חג"ת נהי"ם (כאשר אור הנצח הוד הם אור אחד) **כלולים** ומחוברים **באור הדעת, לא**[63] **היה יכול הכלי** הדעת **לסבול את כולם, ונשבר וירד למטה.** לדעת דבי"ע, והאור דדעת נשאר באצילות, **כמו שנבאר בע"ה** בשער השבירה, ואור הדעת ירד כאורח בכלי המלכות דנקודים.•

אזור[64] **כך** ר"ל אחרי שנשבר כלי הדעת **יצאו ששה אורות האוזרים** שהם חג"ת נהי"ם (כאשר אור הנצח הוד הם אחד) התלבשו **בכלי זזסד, וגם הוא** ר"ל כלי החסד **לא היה יכול לסובלם, ונשבר וירד למטה** כלי החסד לבינה דבי"ע, ואור החסד נשאר באצילות, **כמו שנבאר בע"ה** בשער השבירה, ואור[65] החסד ירד כאורח בכלי היסוד דנקודים.• **וכבר**[66] **נתבאר** לעיל כי שבעה אורות הם ולא ששה, **אלא שנצזז הוד נזזשבין לאזזד, כי ב' פלגי דגופא הם,** ולכן האור שלהם הוא אור אחד המתחלק לב' ספירות.•

שער ההקדמות, סוד עשר הנקודות הנזכרים דל"ג ע"ג – לסיבה אחרת, והיא כי כל מה שהכלי הוא תחתון, הוא קטן בכמות יותר מן העליון, ולכן לא היה גם בכלים התחתונים יכולת לסבול האור, ולכן נשברו גם הם.
62

שער ההקדמות, דרוש שבעה מלכים ד"כ ע"ב – ונחזור בענין צאת שבעה מלכים הנזכרים, דע כי בתחילה יצאו כולם כלולים באור הדעת, הנקרא בלע, ונכנסו כולם בכלי שלו, ובהיותם למעלה באבא או באימא היו בטלים כנגדם, כי הם כדמיון הבנים הבטלים באורות או"א, ולכן היה כח בכלים דאו"א להחזיקם ולסובלם. אבל עתה אשר אלו המלכים הם בחינת ו"ק דז"א, אשר כל אחד מהם גדול בערך חבירו, ואין זה טפל לזה, ולכן אין כלי של כל אחד מהם יכול לסבול רק אור עצמו בלבד. ולכן כאשר נכנסו יחד כולם בתוך הראשון מהם, נשבר הכלי ההוא, כי לא יוכל לסובלם, ולכן נשבר עתה הכלי של הדעת וירד למטה בעולם הבריאה, והאור נשאר באצילות.
63

בית לחם יהודה ש"ח פ"ה דכ"ה ע"ד – לא היה יכול הכלי לסבול את כולם ונשבר וירד למטה. עיין בדברינו בריש פרק א' דשער ט', ותבין הענין היטב.
64

תרשים ה – ב.
65

כרם שלמה ש"ח פ"ה אות ב' – ומה שכתב ואחר כך ירדו החמשה אורות בכלי של גבורה וכו', ר"ל שירדו בכלי החסד, ולא היה יכול לסובלם, והלכו ממנו השישה אורות, ונשארו באצילות, והוא ירד בעולם הבריאה, והאור שלו שנשאר באצילות נתבצר לו מקום, **ויישב בכלי היסוד דאצילות שעדיין לא נשבר, כי לא הגיע עתו עוד, בבחינת אורח,** והחמשה אורות הנשארים שנשארו גם כן באצילות במקום שהוא למעלה ממנו הלכו ונכנסו בכלי הגבורה.
66

כרם שלמה ש"ח פ"ה אות ב' – ומה שכתב וכבר נתבאר לעיל וכו', מפני שהוקשה לו איך אנחנו אומרים ששה אורות דווקא נכנסו בכלי החסד, והלא שבעה אורות הם, שהם של חג"ת ונהי"ם. לזה אמר שהואיל ונצח הוד כל אחד הוא חצי גוף, לכן שניהם נחשבים לאחד דווקא. לכן אמרנו ששה אורות דווקא נכנסים בכלי החסד, ולא שבעה.

שער ז׳ פרק ה׳ דרושי נקודות

עד כאן בשער הנקודים הרב ז"ל ביאר את בחינת האורות והכלים דנקודים. כאן נכנס הרב ז"ל למערכת שנקראת **מערכת החסדים**, והם סוד[67] המים המגדלין את האילן, שהוא ז"א. והם לא בחינת עצמות האורות שהם נרנח"י, ולא בחינת המוחין. חסדים[68] אלו נקראים בפרק זה **רשימו**, והם[69] בעצם הרשימו של חמשה חסדים המתפשטים בחג"ת נצח והוד, והארתם הנקראת גם כללות יורדים ליסוד[70] הנקרא כל[71]. והנוקבא מקבלת הארה של הארתם שהם כללות

67

ע"ח ח"ב שכ"ה דרוש ג' מ"ב ד"ח ע"א – הנה הז"א לא היה רק בעל ו"ק, הנקרא קטן, והוא גדל והולך עד תשלום י"ג שנה ויום אחד על ידי החסדים כנזכר לעיל בדרוש הקודם לזה, שהם חמשה חסדים של הדעת התחתון הנזכר לעיל, הנקרא מים. ומטבע המים להגדיל האילן ולהחיותו, ולטעם זה נקרא ז"א אילנא דחיי..... והנה נתבאר לעיל כי המים המגדלין האילן, הם החסדים הנקרא מים, וצריכין לחזור ולעלות ולהגדיל כולו, זולת מה שהם ממתקין הגבורות בעת עלייתן כנזכר לעיל בדרוש, ואין פה מקום ביאורן. רק פה נאמר ונבאר איך מגדילין את ז"א עצמו, דוגמת המים הנכנסין בשורש האילן, ומשם יונק האילן שהוא ז"א, הנקרא אילנא דחיי, ועולין ממטה למעלה להגדילו והבן זה.

68

מבוא שערים ש"ב ח"ב פ"ג ד"ו ע"ד - אחר כך יצאו ששה אורות האחרים מכלי הדעת בעת שנשבר, ונכנסו בכלי החסד, וגם הוא לא יכול לסבול כל כך אורות, לסיבה הנזכר כי כל אלו האורות שוין, ואינן בטלים זה אצל זה, ומת כלי החסד, וגם הוא ירד אל עולם הבריאה, והאור של החסד יעלה ונסתלק. וירדו חמשה אורות האחרים אל כלי הגבורה, **ועוד ניתוסף עמהם בחינה, והוא, במה שראוי שתדע, כי היסוד נקרא כ"ל**, וטעם הדבר, כי כל מציאות היסוד הוא, ממה שמלקט מהחמשה ספירות שעליו, מחסד ועד הוד, שבהם מתפשטין חמשה חסדים בזכר, או חמשה גבורות בנקבה כנזכר, ואחר כך, **כל אחד מהחמשה ספירות יהיב ביה חד רשימו**, ומכללות מה שלוקח מהם, נעשה היסוד, בסוד וילקט יוסף את כל הכסף. **ה' כסף**, חמשה חסדים, **ואז נקרא כ"ל**. וגם כ"ל הוא בגימטריא ן', שהם חמשה חסדים, כל אחד כלול מעשרה. ונמצא כי ברדת החמשה אורות אל כלי הגבורה, ירד עמהם חד רשימו מאור החסד, להינתן ביסוד..........

69

ע"ח ש"ו פ"ג מ"ת דכ"ו ע"א – ואחר כך כאשר יצאה בחינת היסוד לא נתגלה (בחי' היסוד(ביסוד רק בחינת נפש לבד לעצמו, אבל נתוסף הארה במלכות שנתגלה בה בחינת רוח. וטעם הדבר הוא לפי שסוד הרוח בא מו"ק כנודע, ולכן בבא היסוד התחיל להתגלות במלכות בחינת הרוח, ואינו נשלם לגמרי עד שיצאו כל הו"ק, שהוא מיסוד עד החסד, ואז נגמר בחינת הרוח כולו של מלכות. ובבא כל אחד מהם, היה מתגלה במלכות קצה אחד מבחינת רוח, כמו שכתוב בזוהר תרומה. **וכבר נודע כי היסוד אינו מכלל הו"ק, כי אינם רק ה' חסדים)נ"א קצוות( )מחסד עד הוד**, אך היסוד אינו לוקח חסד פרטי לעצמו, רק **שנכללין כל החמשה קצוות בו.**)נ"א הו"ק בו(נמצא)שכל(כי בחינת כללות של הרוח זה הוא שנתגלה במלכות כאשר בא יסוד, אבל בצאת ההוד או הנצח וכיוצא משאר ספירות, אז היה מתגלה בחינת הקצוות ממש של הרוח במלכות. והנה כל זה הוא מה שנוגע אל בחינת המלכות, אמנם מה שנוגע אל הו"ק דז"א הוא באופן זה, **כי בצאת היסוד אז מתגלה בחינת כללות ה"ק דז"א**, בבחינת נפש לבד, אך בבא ההוד אז מתגלה קצה אחד דנפש דז"א, וכן עד שנשלמו כל הו"ק. עוד יש הפרש אחד בין היסוד לחמשה קצוות אחרים, והוא כאשר בא ההוד נתן כח כללותו מחדש ביסוד, בחינת נפש לבד, וכן כולם, עד שיצא החסד וגם הוא נתן בצאתו כח כללותו ביסוד, מה שאין כן בשאר חמשה קצוות, כי בבא אחד לא היה מוסיף שום תוספת בחבירו כלל ועיקר, **כי כולם שוים**, רק כאשר נשלמו כל השישה, אז נמצא שנגמר כל הז"א בבחינת נפש.

70

ע"ח שח"י פ"ד מ"ת דפ"ז ע"ג – עוד טעם אחר, והוא בענין חמשה חסדים המתפשטים בז"א מצד יסוד אמא, והוא כי הלא נתבאר אצלינו כי ג' בחינות יש אל החסדים דז"א. אחד הוא למעלה במקום הדעת דז"א, כי שם הוא שורש החסדים. ואחר כך מן הארתן מתפשטין חמשה חסדים מן החסד שבו עד הוד שבו. ואחר כך מהארתן של החסדים המתפשטין, מתקבץ הארתן ביסוד דז"א חמשה חסדים אחרים, **אשר לסבה זו נקרא היסוד כל** כנודע.

אמת ליעקב, מערכת ח' אות כ"ז ד"ל ע"א – חסדים דז"א יש בו ג' בחינות. אחד למעלה ממקום הדעת דז"א, דשם הוא שורש החסדים. ואחר כך מהארתן **מתפשטין חמשה חסדים, מחסד שבו עד הוד שבו**. ואחר

שער זו' פרק ה' דרושי נקודות

דכללות מן היסוד דז"א[72], ונקראת כלה[73], ר"ל **כל ה'**. וחסדים[74] אלו מגדילים את ז"א, וגורמים למוחין דז"א להתפשט בתוכו. **צריך לדעת ולהבדיל** הלכה למעשה בין מערכת האורות למערכת החסדים, בסידור[75] הטהור למרן הרש"ש מצוירים האורות בשמות אהי"ה והוי"ה מנוקדות בניקוד של כל ספירה, בבחינת מקיף ופנימי, והחסדים[76] מצוירים רק הוי"ה מנוקדת עם הנקוד של הספירה שלה, בלי שם אהי"ה.

ואזור[77] **כך** ר"ל אחרי שנשבר כלי החסד **ירדו הזזמשה אורות** שהם בעצם ששה, והם אורות הגבורה תפארת ונהי"ם **בכלי של הגבורה**, **וירד**[78] **גם כן עמהם הרשימו של זזסד** של חמשה החסדים, ולא הרשימו של אור החסד, **פירוש**[79] **כי**[80] **נודע שכל הזזמשה ספירות**

כך מהארתן של החמשה המתפשטין, **מתקבץ הארתן ביסוד דז"א** חמשה חסדים אחרים, ולסיבה זו **נקרא יסוד כל**. שער רפ"ח פרק ד.
71

דברי הימים א' כ"ט י"א י"ב – לך הוי"ה הגדלה)חסד(והגבורה)גבורה(והתפארת)תפארת(והנצח)נצח(וההוד)הוד(כי **כל**)יסוד(בשמים ובארץ)מלכות(לך הוי"ה הממלכה והמתנשא לכל לראש. והעשר והכבוד מלפניך ואתה מושל **בכל** ובידך כח וגבורה ובידך לגדל ולחזק לכל.
72

תרשים ה – ג.
73

ע"ח ש"ט פ"א מ"ת ד"ח ע"ג – כי גם המלכות יש לה כללות על דרך הנזכר לעיל ביסוד, כי)לכן(גם היא נקרא **כלה**, כמו שהיסוד נקרא **כל**.
74

ע"ח שכ"ג פ"א מ"ב דק"ו ע"ב – וזה סוד מנחל בדרך ישתה, הנחל הוא יסוד דתבונה, ובתוכו מלובש דעת דז"א, שבו החסדים הנקרא מים, ואלו מים נמשכין מן הנחל ההוא, ומתפשטין עד היסוד דז"א, וחוזרין ועולין ומגדלין אותן כנודע, ויסוד נקרא דרך, בסוד דרך גבר בעלמה. נמצא כי היסוד דאמא הנקרא דרך, נעשה נחל מים, וממנו שותה הז"א מאותן החסדים, ואז נגדל ומרים ראשו, וסוד הרמת ראש הוא כי חג"ת שבו נגדלין ונעשין בבחינת ראש, בסוד ג' מוחין שבו חב"ד, ונמצא כי אין ראש זו מחודש, רק שמה שהיתה בסוד חג"ת הורמו למעלה וגדלו, ונעשה ראש בסוד חב"ד. וזו בחינת ו' שבשם הוי"ה הכולל האצילות, כי תחלה היה בז"א ו"ק לבד, ו' זעירא שבתוך ה' דאמא עלאה, ועתה יצאה ונעשה ו' עצמה שבשם הוי"ה, ונעשה לו ראש שהוא צורת י' שיש בראש ו' כנודע, כי ביניקה היתה ו' לאחר ה' ראשונה, אלא שלא היה לה ראש, כי היה ו"ק לבד, ובגדלות נעשה לו ראש דהיינו י' על ו'.
75

תרשים ה – ד.
76

תרשים ה – ה.
77

תרשים ה – ו.
78

איפה שלימה, שער הנקודים פ"ו ד"ח ע"ג)ג(– וירד גם כן עמהם הרשימו דחסד וכו'. הטעם הוא לפי שחמשה חסדים הם, ומתפשטים בחג"ת נ"ה. והיסוד אין בו חסד פרטי, כי אם כללות החמשה חסדים מתפשטים בו. וכן במלכות מתפשטים כללות דכללות. אבל הדעת אינו מן המניחים רשימו, לפי שהוא שורש החו"ג. ועיין בשמן ששון אות ג', ואין כאן שום קושיא כלל.
79

הגהות וביאורים)א(– עיין שער העקודים פרק ב'.
80

שער זז' פרק ה' דרושי נקודות

מזזסד עד הוד, כל[81] אזזד מהם נותן זזד רשימו שלו בספירת יסוד במערכת החסדים, חוץ מהדעת שאינו נותן רשימו ליסוד, מפני שאחרי התיקון הדעת הוא השורש לחסדים והגבורות, כי לסבה זאת נקרא יסוד כל כי הוא כולל חמשה חסדים, וכל אחד מהם הוא בעל שעור קומה של עשר ספירות, ולכן ביסוד יש חמישים בחינות, לכן הוא נקרא כל, שהוא גימטריא חמישים, לפי[82] שהוא כולל כולם[83] ר"ל שהיסוד כלול מחמשת החסדים שמעליו, זאת כדי ישפיע היסוד בנוקבא את כל הבחינות האלו, ועל כן כל אזזד מוריד רשימו זזד ליסוד, ובגלל שעומדים הספירות בסוגיה זאת בחד סמכא, החסד לא נתן את הרשימו דחסד ישר ליסוד, אלא הרשימו דחסד ירד קודם לכלי הגבורה.◆

ולא[84] יכול כלי הגבורה לסבול את האורות והרשימו דחסד שהתלבשו בו, ובמת ונשבר כלי הגבורה, והכלי דגבורה ירד לחכמה דבי"ע, והאור דגבורה נשאר באצילות, והתלבש בתור אורח בכלי התפארת דנקודים.◆

ואזזר[85] כך ירדו הארבעה אורות שהם בעצם חמשה אורות, והם אורות דתפארת נצח הוד יסוד ומלכות ושני רשימין של זזסד וגבורה שהם הרשימו דחסד דחסד, והרשימו דחסד דגבורה, ואלו הם הרשימין של מערכת החסדים ולא הרשימו של האורות בכלי התפארת דנקודים.◆

כרם שלמה ש"ח פ"ה אות ב' – וזהו מה שכתב כי נודע שכל החמשה ספירות מחסד עד הוד כל אחד מהם נותן חד רשימו שלו בספירת יסוד, כי לסיבה זאת נקרא יסוד כל, ר"ל בסוד לך הוי"ה הגדולה וכו', כי כל בשמים וכו', ובסוד ואתה מושל בכל וכו', לפי שהוא כולל כולם, ר"ל לפי שבו יש כלול מכל האורות שלמעלה ממנו, שהוא מן החסד עד ההוד. ולכן כל גימטריא חמשים, שיש בו חמשים אורות של החמשה ספירות מחסד עד הוד, ושכל אחד כלול מעשרה, לכן נקרא כל, שהוא גימטריא חמשים. והטעם הוא מפני שצריך לתת למלכות, והיא צריכה להיות כלולה מכולם, ולזה נקראת כלה, כל ה', לכן ניתן בכח ביסוד לכלול הכל, וצריך להיות כלול מכולם, לצורך הכלה הכלולה. לכן כולם משפיעים בו חד רשימו.
81

בית לחם יהודה ש"ח פ"ה דכ"ה ע"ד – כל אחד מהם נותן רשימו חד ליסוד. לפי שהחמשה חסדים הם ומתפשטין בחג"ת ונצח הוד, וכללותם ביסוד, וכללות כללותם במלכות, והם בחינת הרשימו, אבל הדעת אינו מניח רשימו, לפי שהוא שורש של כל החו"ג)אש"ל(.
82

כרם שלמה ש"ח פ"ה אות ב' – לכן ניתן בכח ביסוד לכלול הכל, וצריך להיות כלול מכולם, לצורך הכלה הכלולה, ולכן כולם משפיעים בו חד רשימו, ולזה כתב כאן לפי שהוא כלול מכולם, פירוש שצריך להיות כלול מכולם, והוא לצורך המלכות.
83

כרם שלמה ש"ח פ"ה אות ב' – וזה שסיים ועל כן כל אחד מוריד רשימו חד ליסוד, כך מובן מלשון דלכאן מפני שצריך להיות כלול מכולם.
84

כרם שלמה ש"ח פ"ה אות ב' – והואיל וכל כך אורות ירדו בו בכלי הגבורה, דהיינו חמשה אורת ורשימו חד, לכן לא יוכל לסבול, וגם הוא נשבר. פירוש, שירד לבריאה. ומה שכתוב כאן ולא יכול לסבול ומת ונשבר, הוא חוזר על כלי הגבורה, ולא על היסוד שהיה מדבר עליו.
85

תרשים ה – ז.

ולא[86] יכל כלי התפארת להלביש את חמשה אורות וב' רשימין, ומת **ונשבר גם הוא** ר"ל כלי התפארת, **וירד** כלי לכלי הכתר דבי"ע, והאור דיליה נשאר במקומו. **וכן על דרך זה** בשאר חלקי תחתונים דנקודים, כאשר לכלים דנצח הוד ירדו ארבעה אורות, שהם אורות דנצח הוד יסוד מלכות, ושלשה רשימין, רשימו של חסד דחסד, רשימו של החסד דגבורה, ורשימו של החסד דתפארת, ואלו הם רשימין של מערכת החסדים ולא הרשימו של האורות.

ולא[87] יכלו הכלים דנצח הוד לסבול את ארבעת האורות וג' רשימין, ונשברו ומתו, והכלים שלהם ירדו לבי"ע, והאורות נשארו באצילות. **עד[88] שירדו שני (נ"א ב') אורות** שהם אור היסוד ואור המלכות, **וזזמשה רשימין** שהם רשימו של חסד דחסד, רשימו של החסד דגבורה, רשימו של החסד דתפארת, רשימו של החסד דנצח, והרשימו של החסד דהוד, כי לענין הרשימין נצח והוד נחשבים כל אחד ואחד בפני עצמו, ואלו הם רשימין של מערכת החסדים ולא הרשימו של האורות, וכל אלו ירדו **בכלי היסוד** דנקודים.

ולא[89] **היה** כלי היסוד יכול לסובלם, ומת **ונשבר, וגם הוא ירד** כלי היסוד לבי"ע, ואור היסוד נשאר באצילות. **וכשבא[90] אור המלכות** והתלבש בכלי המלכות **לא בא אלא הוא לבדו** וכן במלכות מתפשטים כללות דכללות חמשה החסדים, כמו שמבאר השד"ה באות ג' לעיל, **ועם כל זה לא היה יכול לסבול** כלי המלכות את אור המלכות, אפילו שאור המלכות בא לבד בכלי שלו, וזה בגלל חלישות כלי המלכות, כמו שהרב ז"ל מבאר לקמן, ומת **ונשבר** כלי המלכות, **וגם הוא ירד** לבי"ע, ואור המלכות נשאר באצילות.

כדי להבין מדוע כלי המלכות דנקודים מת ונשבר, הרי כל כלי כלי היה יכול לקבל את החלק שלו, עם כל זאת כלי המלכות גם נשבר, הרב ז"ל עולה[91] לשורש של עולם הנקודים, שהוא עולם העקודים, ומבאר את הסיבה למה הכלי של המלכות

86

תרשים ה – ח.
87

תרשים ה – ט.
88

בית לחם יהודה ש"ח פ"ה דכ"ה ע"ד – עד שירדו שתי אורות, וחמש רשימין בכלי היסוד. כך צריך לגרוס. ולפי גירסת ספר אחר, דגרסי שש אורות ורשימין וכו', הכי פירושו, ר"ל שהאורות והרשימין הם שש, דסבירא ליה דגם ב' רשימין דנצח הוד הם נחשבין לאחד.
89

תרשים ה – י.
90

כרם שלמה ש"ח פ"ה אות ב' – ואחר כך בא אור המלכות לבדו, ונכנס בכלי של המלכות, ועם כל זה לא היתה יכולה לקבלו, **מפני חלישותה,** כמו שמפרש לקמן בסמוך הטעם. ומן הראוי היה שצריך לקבלו, ועם כל זה לא יכלה, ולזה מתמיה הרב ז"ל וכותב טעם לזה, וזהו שכתב - וכשבא אור המלכות לא בא אלא הוא לבדו, ועם כל זה לא היה יכול לסבול גם הוא וירד, כמו שמפרש הטעם והולך.
91

ע"ח ש"ו פ"ו מ"ב דכ"ז ע"ד – ודע כי **במלכות של עולם העקודים נשארו בה עשרה שרשים של עשר הנקודים** כמו שנבאר בע"ה. ועל דרך זה בכל אצילות, כי המלכות של השרשים אשר בפה א"ק היא כלולה מעשרה והם עשרה שרשים אל עשר דעקודים, **ובמלכות דעקודים יש עשרה שרשים אל עשרה ספירות**

דעקודים נקראת אספקלריא דלא נהרא, דלית לה מגרמה כלום, הוא שגרם שכלי המלכות דנקודים יהיה חלש, ובגלל שחסר אור המלכות מכלי המלכות דעקודים, זה גרם לכלי המלכות דנקודים למות ולהישבר.

וְטַעַם[92] **הַדָּבָר**[93] שכלי המלכות לא יכל לסבול את האור שלה בלבד, הוא **כְּמוֹ שֶׁהוֹדַעְתִּיךָ לְמַעְלָה** בשער[94] העקודים, **כִּי** בעולם **הָעֲקוּדִים כַּאֲשֶׁר חָזְרוּ הָאוֹרוֹת** דעקודים **שֵׁנִית לְהִיכָּנֵס בְּכֵלִים שֶׁלָהֶם, לֹא נִכְנְסוּ מַמָּשׁ בְּכֵלֵיהֶם**, והוא כי אור הכתר נשאר בפה דא"ק, וחזר בהתפשטות השניה, **וְרַק בְּכֵלִי** הכתר **נִכְנַס אוֹר הַחָכְמָה וְכוּ'** דעקודים, ובכלי החכמה, אור הבינה דעקודים. ובכלי הבינה, אור החסד דעקודים, ובכלי החסד, אור הגבורה דעקודים. ובכלי הגבורה, אור התפארת דעקודים. ובכלי התפארת, אור הנצח דעקודים. ובכלי הנצח, אור ההוד דעקודים. ובכלי ההוד, אור היסוד דעקודים. **וּבְכֵלִי הַיְסוֹד נִכְנַס אוֹר הַמַלְכוּת** דעקודים, **וְנִשְׁאַר כְּלִי הַמַלְכוּת** דעקודים **רֵיקָם, אֲשֶׁר לְסִיבָּה זֹאת נִקְרָא הַמַלְכוּת** דעקודים **אַסְפַּקְלַרְיָא**[95] **דְּלָא נָהֲרָא** מראה שלא

דנקודים,)וכן במלכות דנקודים יש עשרה שרשים, והם שרשים דעשר ספירות דברודים(, ועל דרך זה בשאר העולמות.

נהר שלום דכ"ה ע"ה – הנה נודע כי כל **עולם** ופרצוף **עליון הוא מקור ושורש למה שלמטה ממנו כנודע**, כי במלכות דיצירה נתפשטו עשרה ענפים מעשר ספירות דיצירה, והם שרשים לעשר ספירות דעשיה. וכן במלכות דבריאה נתפשטו עשרה ענפים מעשר ספירות דבריאה, והם שרשים לעשר ספירות דיצירה. וכן במלכות דאצילות נתפשטו עשרה ענפים מעשר ספירות דאצילות, והם שורש עשר ספירות דבריאה. **ובמלכות דעקודים נתפשטו ענפי עשר ספירות דעקודים, והם שורש לעשר ספירות דאצילות.** וכן על דרך זה מעולם לעולם שלמעלה ממנו, עד שנמצא שכולם מסתעפים מעשר ספירות דא"ק, שהם שורש ומקור לכל העולמות, והם משורשים ביחידה שלו, וכל זה בכללות, וכן הוא בפרטות, מפרצוף לפרצוף, וכן בפרטי פרטות מספירה לחברתה.
92

שער ההקדמות, דרוש שבעה מלכים ד"כ ע"ב – והטעם הוא במה שהודעתיך לעיל בדרוש העקודים, כי כאשר שם חזרו אורותיהם להיכנס בכלים שלהם, נשאר אור הכתר בשורש העליון ולא חזר. ונמצא כי באו האורות שלא במקומם, אור החכמה בכלי הכתר וכו', עד אור מלכות בכלי היסוד, ונשאר כלי המלכות ריקם. ונתבאר שם כי זהו טעם היות לעולם המלכות נקראת **דלה ועניה, אספקלריא דלית לה מגרמה כלום**, לפי שהאור שבא אחר כך לתוכה אינו האור שלה עצמה הראשון, אבל הוא אור חדש מכח זווג או"א כנזכר לעיל, וזהו שאמרו דלית לה מגרמה כלום, פירוש שאינו אור שלה, רק אור נמשך אליה ממקום אחר. ולהיות כי ענין זה אירע במלכות העקודים, ונודע כי הנקודים כל הכלים שלהם נעשו על ידי הסתכלות אור העין באורות העקודים כנזכר לעיל באורך, ולכן כיון שבעקודים עצמם עצמה היה הכלי של מלכות חסר מן האור שלה עצמה, גם זה הכלי של מלכות דנקודים היה חסר, ולא יכול לסבול ולקבל האור שלה עצמה, ולכן נשבר.
93

בית לחם יהודה ש"ח פ"ה דכ"ה ע"ד – וטעם הדבר – שלא היה יכול כלי המלכות לסבול את אור שלה לבד.
94

ע"ח ש"ו פ"ה מ"ת דכ"ז ע"ב – ונתחיל לפרש הענין הנה אור המלכות לא השאיר רשימו, וכל בחינתו נסתלקה כולה ועלתה, וזה הטעם שנקראת מלכות אספקלריא שאינה מאירה דלית לה מגרמה כלום, כי לא השאיר בה שום רושם, אך מן הרשימו שנשאר ביסוד לבדו מאיר גם כן אליה. עוד יש טעם אחר אל הנזכר והוא מה שהתבאר לעיל כי כאשר חזרו האורות לירד נשאר כתר דבוק במאציל, ולא ירד כלל, נמצא שהחכמה חזרה למקום הכתר כו', ומלכות במקום היסוד, **ונשאר כלי של המלכות בלתי אור כלל**, ולכן נקרא כלי של מלכות אספקלריא דלא נהרא.
95

ספר הזוהר פרשת ויחי דף רמ"ט ע"ב עם תרגום וביאור – **וכתיב** וכתוב בספר ישעיהו **הקשיבי לישה**)לישה היא בת זוגו של הליש(מפרש למה נקראת המלכות לישה, והוא האריה, **בגין דאתיא מסטרא דגבורה**

מאירה דלית לה מגרמה כלום שאין לה אור עצמי משלה, אלא רק מקבלת אור מאחרים, ונקראת גם עניה ודלה, כי מעצמה אין לה אור, אבל[96] ניתן בה אור שנולד מזיווג זו"ן דבינה, הנקרא אות ד'. (וכל זה) כי האור שנכנס אזור כך בכלי של המלכות אינה אור שלה, רק אור חדש מזיווג[97] או"א[98], כמבואר אצלינו בשער מטי ולא מטי. וזה ענין מה שכתוב לעיל אספקלריא דלא נהרא דלית לה מגרמה כלום, כי[99] אין לה אור עצמי, אלא רק האור שלה הוא ממקום אזור, וזכור ענין זה.

הרב ז"ל מבאר כאן למה[100] תלויה חלישות כלי המלכות דנקודים בחלישות כלי המלכות דעקודים. והנה כיון שכל אלו הכלים של הנקודים נעשים בהסתכלות העין בעקודים

מפני שהמלכות באה מצד הגבורה, כמה דאת אמר כמו שכתוב בספר משלי, ליש גבור בבהמה, והאי המלכות נקראת לישה, היא גבורה, לתברא חילין ותוקפין כדי לשבור את הכוחות והחוזק של החיצוניים, המקטרגים על בני ישראל, עם כל זאת המלכות נקראת בהמשך הפסוק דספר ישעיהו עניה ענתות, בגין דאיהי אספקלריא דלא נהרא מפני שהיא כמראה שאינה מאירה מעצמה, , עניה ודאי לכן היא עניה ודלה, לית לה נהורא אין לה אור לסיהרא ללבנה, שהיא המלכות מגרמה מעצמה, אלא מה דיהיב לה אלא מה שנותן לה שמשא השמש, שהוא ז"א.
96

ע"ח ש"ז פ"ד דל"ג ע"א — אך דע שלכן הוצרכו זו"ן שבבינה להזדווג להוציא ה' אחד דוגמתה, ונחלק לב', שהם ד"ו, ואות ו' נכנסה בכלי יסוד, בסוד זכר של מלכות, אשר שם כי יותר גבוה כמה מדרגות הוא אות ו' זו מן אור המלכות שביסוד, לכן הם זו"ן. ואחר כך אות ד' ירדה במלכות, והשלימה שם במקומה.
97

בית לחם יהודה ש"ח פ"ה דכ"ה ע"ד — מזווג או"א כמבואר אצלינו. הוא בריש פרק ד' דשער מטי ולא מטי.
98

דעת ותבונה ש"ה דל"ו ע"ג — ונתבאר שם כי זהו טעם להיות המלכות לעולם נקראת דלה ועניה, אספקלריא דלית לה מגרמה כלום, לפי שהאור שבא אחר כך לתוכה אינו האור שלה עצמה הראשון, אבל הוא אור אחר, חדש מכח זיווג או"א כנזכר שם. וזהו אמרו דלית לה מגרמה כלום. פירוש שאינו אור שלה, רק אור נשמה אליה ממקום אחר, ולהיות כי הענין הזה אירע במלכות דעקודים, ונודע כי הנקודים כל הכלים שלהם נעשו על ידי הסתכלות אור העין באורות העקודים, כנזכר לעיל באורך, לכן כיון שבעקודים עצמם היה הכלי של המלכות חסר מן האור שלה עצמה, גם זה הכלי של מלכות דנקודים היה חסר, ולא יכול לסבול ולקבל האור שלה עצמה, ולכן נשבר.
99

כרם שלמה ש"ח פ"ה אות ג' — ומפרש והולך מה ר"ל מאחרני אית לה, ולכן נקראת עניה, ולזה אמר וכל זה כי האור הנכנס אחר כך בכלי של המלכות אינה אור שלה, רק אור חדש מזיווג או"א כמבואר אצלינו. ר"ל כי בכלי של הבינה היה אור חדש שבא מזיווג הזכר והנקבה של כלי החכמה, והוא אות י', והיה בה גם כן הרשימו שלה של אור הבינה, ואלו הב' אורות של החכמה והבינה שבכלי הבינה נזדווגו, והולידו אור בצורת ה', דוגמת כלי הבינה שהיא ה', ונחלקה לב' אותיות ד"ו, ואות ו' לקח אותו כלי היסוד, ואות הד' לקחה אותו כלי המלכות. וזה היה אור שלה החסר ממנה, ולכן נקראת עניה, ולית מגרמה כלום.
100

כרם שלמה ש"ח פ"ה אות ג' — ומה שכתב והנה כיון שכל אלו הכלים של הנקודים וכו', מפני שהוקשה לו, כל זה מה שאמרנו שהמלכות לית לה מגרמה כלום הוא בעקודים, ואנחנו עסוקים בעולם הנקודים, ומה תלוי זה בזה. לכן אמר כיון שכל אלו הכלים של הנקודים נעשים בהסתכלות העין בעקודים, ר"ל כמו שכתב לעיל

כנזכר לעיל[101] שהאור שבכלים דעקודים היו שותפים לעשיית הכלים דנקודים, כאשר ג' הכלים הראשונים שהם כח"ב דנקודים נעשו מהסתכלות האור העין באורות האח"פ במקום שבולת הזקן, ולכן הם לא נשברו. והשבעה תחתונים נעשו מהסתכלות אור העין באורות חוטם פה משבולת הזקן ולמטה, וכל אור דנקודים הסתכל באור שכנגדו בעקודים, הכתר דנקודים שאב אור לצורך הכלי שלו מהכתר דעקודים, החכמה דנקודים שאב אור לצורך הכלי שלו מהחכמה דעקודים, וכן כולם, עד שמלכות דנקודים שאבה אור לצורך הכלי שלה מהמלכות דעקודים שהוא **שורשה**, וכבר ביאר הרב ז"ל לעיל בפרקין כי כלי המלכות דעקודים היא אספקלריא דלא נהרא דלית לה מגרמה כלום, והיא עניה ודלה, לכן הכלי של המלכות דנקודים לא קבל מספיק אור מהכלי של המלכות דעקודים, כדי שיוכל להחזיק את האור שלה, שהוא אור דנקודים, **לכן כיון שעשם (נ"א שכאן) היה זזסר בזזינת אור המלכות** דעקודים **מן הכלי שלה, גם זה הכלי של המלכות דנקודים היה זזסר** כך שההחולשה בשורש, שהוא כלי המלכות דעקודים, גרם חולשה בענף, שהוא כלי דנקודים, **ולא יכלה**

בפרק א' וכו', שהכלים של הג"ר דנקודים הם נעשים על ידי הסתכלות העין באורות האח"פ במקום שבולת הזקן, והכלים של השבעה תחתונות של הנקודים הם נעשים מהאורות שמשבולת הזקן ולמטה עד הטיבור, עד שנמצא כי המלכות דנקודים הכלי שלה נעשית מכח הסתכלות במלכות דעקודים, ושם היתה המלכות עניה ולית לה מגרמה כלום, וודאי **שזה מוליד חלישות בכלי ההוא**, כיון שהאור שבא אינו שלו, לכן הכלי ההוא דעקודים הוא חלש, כי הכלי כפי ערך האור, דאי לאו הכי מה יש בינה לכלי היסוד, הואיל ושם ביסוד הוא האור הראשון של המלכות, אלא ודאי כפי ערך האור כך הוא חלישות הכלי. ולכן כלי דנקודים שנעשית מכח כלי דעקודים, ושם היה חלש, גם בכאן הוא חלש הכלי של המלכות. ולכן לא יכלה לקבל אפילו האור שלה, אפילו שהוא אור אחד.

101

ע"ח ש"ח פ"ב מ"ת דל"ו ע"ב – והנה עשרה נקודות הם, והג' ראשונים שבהם הם לוקחים אור שנמשך מהסתכלות העין ממקומם עד מקום התחברות בשבולת הזקן כנודע, ואינם מקבלים אותם רק בשבולת הזקן, כי משם מתחילין הן, ולא ממה שבשבולת הזקן ולמעלה,)נ"א בשבולת הזקן ולא ממה שבשבולת הזקן ולמעלה ואינם מקבלין רק בשבולת הזקן כי משם מתחילים הן ולא ממה שכנגד העין עד שבולת הזקן(, **אבל שבעה נקודות התחתונים אין לוקחין רק ממה שנמשך מהסתכלות באורות החוטם והפה משבולת הזקן ולמטה**, כנודע כי החוטם מגיע עד החזה, והפה עד הטבור, ולא משבולת הזקן ולמעלה. ונמצא כי לפי זה ג' נקודות לוקחין הארה לצורך הכלים שלהם מן ג' האורות שהם אח"פ בשבולת דוקא, אבל שבעה תחתונות אינן לוקחין רק מב' אורות לבד, שהם חוטם ופה משבולת ולמטה עד הטבור, כי אור אזן העליונה כבר נגמרה ונסתמה בשבולת הזקן, ולכן גדולה היא הארה ג' נקודות עליונים מן השבעה תחתונים. ולסבה זו ג' מלכים הראשונים לא מתו, לפי שיש לה הם הארה גדולה, והכלי שלהם מעולה מאד, לפי שנעשה מבחינת אזן העליונה ומהחוטם ופה, כי בהסתכלות העין באורות האזן חוטם פה נעשו הכלים שלהם כנזכר לעיל, כי לקחו כליהם ממקום שעדיין אורות האזן שהם בחינת נשמה נמשכים שם, שהוא עד שבולת הזקן כנ"ל. אמנם השבעה מלכים תתאין מתו, לפי שכליהם נעשו מהסתכלות עין בחוטם פה לבד, והיה חסר מהם אור האזן העליונה.

חסדי דוד דמ"ט ע"ד, אות י"א – וכלי הנקודות שהם החיצוניות נת"א דס"ג, וחיצוניות טנת"א דב"ן, נעשו על ידי שעברו אורות הנזכר דרך יציאתם מן העינים, ושאבו מן אורות אח"פ, שעל ידי הסתכלות העין באזן ימין, ואור חוטם ופה כלולים בו, מקו הראיה, נעשה אור מקיף דכתר דנקודים, ומהארת הקו נעשה אור פנימי שלו. ומהסתכלות העין באזן שמאל, מקו הראיה, נעשה חיצוניות הכלי הנזכר, ומהארת הקו פנימיות הכלי. וכלי חכמה דנקודות נעשה מהסתכלות העין באורות החוטם עד הפה, מצד ימין אור מקיף, ומשמאל חיצוניות הכלי. ומהפה ולמטה מצד ימין אור פנימי, ומצד שמאל [פנימיות הכלי]. וכלי הבינה דנקודות נעשה מהסתכלות העין באורות הפה עד הזקן, מצד ימין אור מקיף, ומצד שמאל חיצוניות הכלי, ומהזקן ולמטה מצד ימין אור פנימי, ומצד שמאל פנימיות הכלי. וכל אלו הכלים דג"ר דנקודות, נעשו מהסתכלות העין באורות אח"פ שבשיבולת הזקן. **וכלי השבעה תחתונות דנקודים נעשה מהסתכלות העין באורות החוטם והפה, שמהזקן ולמטה עד החזה, מצד ימין אור מקיף, ומשמאל חיצוניות הכלי, ומהחזה עד הטיבור מצד ימין אור פנימי, ומשמאל פנימיות הכלי.**

לקֻבֵּל המלכות דנקודים **אור שֶֹלֹה** לצורך הכלי דנקודים, ולכן גם היא מתה **וְנִֹשְׂבְּרָה,** והכלי של המלכות ירד לבי"ע, ואור המלכות נשאר באצילות, כמו שהרב ז"ל מבאר כל זה בשער השבירה.

עֵץ זזיים

לרבינו זזיים ויטאל

שֶׁקִיבל ממרן הָאֲרִ"י זלה"ה

שַׁעֲר זז'

שַׁעֲר דרושֵׁי הַנְקוּדוֹת

פרק ה'

זזלק התרשׁימים טבלאות וצׁיורים

שֵׁמזזת זזיים

שער זז' פרק ה' דרושי נקודות

הקדמה קצרה

דע כי כל התרשימים הציורים והטבלאות, הם אך ורק לשכך את האוזן, ולשבר את העין. וכל
הציורים הם לא שלמים.

כתב הרי"ח הטוב ברב פעלים ח"ב בסוד ישרים ה' - אך דע לך כי סדר התלבשות המחצבים
שכתב מהרח"ו בשערי קדושה עד עולם הזה שאנחנו עומדים בו. וכן סדר התלבשות הפרצופים
אשר בכל מחצב ומחצב, וסדר התלבשות העולמות זה בזה, והיושר והעיגולים, לא אית אינש
דכיל למנלע רזא דנא, איך היא עשוי, איך הוא עומד, ולא אפשר לשכל אנושי לצייר כל הנזכר על
אמתיתם, ועל בוריין מפני כי שכל האנושי בהיותו עצור ומונח בגוף גשמיי, אי אפשר לי להשיג
דבר רוחני, והוא זה דומה לאדם סומא מן הבטן שלא ראה מאורות מימיו, דודאי אי אפשר לו
לצייר מראות השמש והירח הנראין לעיני הבריות, וכל שכן מה שיש למעלה למעלה.

וכן כתב ברב פעלים ח"א בסוד ישרים א' - סוף דבר הכל נשמע, ה' אחד ושמו אחד, ואין לו גוף
ולא דמות הגוף, ואין לו שום ציור, ותמונה ודמיון כלל ועיקר, וגם כל העולמות וספירות הקדושים
למעלה אין להם ציור ודמיון של גופים האלה כלל, ואין מי שיוכל לידע איך הוא עמידתם וסדרם,
ואיך עומדים עולמות היושר ועולמות העיגולים, ואיך מתחברים זה עם זה, ואיך נמשך השפע
מזה לזה, ואיך הוא תוארם ומראיהם, ואיך הוא מהות השפע המחיה אותם, ומקיים אותם, וכמה
הוא שיעור אורכם וגובהן ורחבם, ואיך הם נכללים זה בזה, ומלבישים זה לזה, כי בכל זאת אין
שום שכל אנושי יוכל לדעת, ולהבין, ולהשיג, כלל ועיקר.

הרב ז"ל כתב בשער אח"פ תחילת פ"א וז"ל - כבר ידעת כי אין בנו כח לעסוק קודם אצילות עשר
ספירות, ולא לדמות שום דמיון וצורה כלל ח"ו, אך לשכך האזן, אנו צריכים לדבר דרך משל
ודמיון, לכן אף אם נדבר במציאות ציור שם למעלה, אין הדבר רק לשכך האזן. אמנם דע כי עשר
ספירות דאצילות הם שתי ענינים. האחד הוא התפשטות הרוחניות, והשני הוא כלים ואברים
אשר העצמות מתפשט בהם. והנה צריך שיהיה לכל זה שורש למעלה לשתי בחינות אלו, ולכן
צריכין אנו לדבר בסדר המדרגות מראש עד סוף, והנה נתחיל ונאמר כי הלא הא"ס ב"ה אין בו
שום ציור כלל ח"ו כמבואר.

הרב ז"ל כתב בשער טנת"א פ"א - והנה אף על פי שאנו מכנים וקוראים כאן כנויים אלו כגון אדם
ראש אזנים וכיוצא אינו רק לשכך האזן לשיובנו הדברים לכן אנו מכנים כנויים אלו במקום גבוה,
עד כאן לשונו.

וכן הרמ"ק בפרדס רימונים ש"ו פ"א - וציירו להם המקובלים צורת בירעות גדולות וקראום אילן.
הרב ז"ל כתב בסוף ש"ה פ"ד וז"ל - ואמנם דבר גלוי הוא כי אין למעלה גוף ולא כח גוף חלילה.
וכל הדמיונות והציורים אלו לא מפני שהם כך חס ושלום. אמנם לשכך את האוזן כדי לכשיוכל האדם
להבין הדברים העליונים הרוחניים בלתי נתפסים ונרשמים בשכל האנושי, לכן ניתן רשות לדבר
בבחינת ציורים ודמיונים, כאשר הוא פשוט בכל ספרי הזוהר. וגם בפסוקי התורה עצמה כולם
כאחד עונים ואומרים בדבר הזה כמו שאמר הכתוב עיני ה' המה משוטטים בכל הארץ. עיני ה'
אל צדיקים. וישמע ה'. וירח ה'. וידבר ה'. וכאלה רבות וגדולה מכולם מה שאמר הכתוב ויברא
אלהים את האדם בצלמו בצלם אלהים ברא אותו זכר ונקבה וגו'. ואם התורה עצמה דברה כך גם
אנחנו נוכל לדבר כלשון הזה, עם היות שפשוט הוא שאין שם למעלה אלא אורות דקים, בתכלית
הרוחניות, בלתי נתפשים שם כלל, וכמו שאמר הכתוב כי לא ראיתם כל תמונה, וכאלה רבות.
ואמנם יש עוד דרך אחרת כדי להמשיך ולצייר בה הדברים העליונים, והם בחינת כתיבת צורת
אותיות, כי כל אות ואות מורה על אור פרטי עליון, וגם תמונת זו דבר פשוט הוא כי אין למעלה לא
אות, ולא נקודה, וגם זה דרך משל וציור לשכך את האוזן כנזכר. ולכן נבאר עתה הקדמה הנזכר
על דרך ציור האותיות גם כן ובבחינת ציורים אלו, הן ציור האדם, והן ציור אותיות, שתיהן
מוכרחים להבין ענין האורות העליונים, כאשר תראה ספרי הזוהר בנויים על שתי בחינות הציורים
האלה, עד כאן לא.

ולכן גם אנחנו הרשינו לעצמינו לצייר ציורים, תרשימים וטבלאות, אך ורק כדי לשכך את האוזן,
ולשבר את העין, כדי להבין את הסוגייה.

אח"י

תרשימים שער זו' פרק ה'

סדר שמות שמות ההיכלות והשערים בעץ חיים

שם היכל	שער	שם השער	פרקים
אדם קדמון	א	עיגולים ויושר	א ב ג ד ה
	ב	השתלשלות י"ס דרך עגו'	א ב ג
	ג	סדר אצילות למהרח"ו	א ב ג
	ד	אח"פ	א ב ג ד ה
	ה	טנת"א	א ב ג ד ה ו ז
	ו	עקודים	א ב ג ד ה ו ז ח
	ז	מטי ולא מטי	א ב ג ד ה
נקודים	ח	דרושי נקודות	א ב ג ד ה ו
	ט	שבירת הכלים	א ב ג ד ה ו ז ח
	י	תיקון	א ב ג ד ה
	יא	מלכים	א ב ג ד ה ו ז ח ט י
הכתרים	יב	עתיק	א ב ג ד ה
	יג	א"א	א ב ג ד ה ו ז ח ט י יא יב יג יד
או"א	יד	או"א	א ב ג ד ה ו ז ח ט י
	טו	זווגים	א ב ג ד ה ו
	טז	הולדת או"א וזו"ן	א ב ג ד ה ו ז
ז"א	יז	ז"א	א ב ג ד
	יח	רפ"ח נצוצין	א ב ג ד ה ו
	יט	אנ"ך	א ב ג ד ה ו ז ח ט י
	כ	המוחין	א ב ג ד ה ו ז ח ט י יא יב
	כא	לידת המוחין	א ב ג
	כב	מוחין דקטנות	א ב ג
	כג	מוחין דצלם	א ב ג ד ה ו ז ח
	כד	פרקי הצלם	א ב ג ד ה ו ז
	כה	דרושי הצלם	א ב ג ד ה ו ז ח
	כו	צלם	א ב ג
	כז	פרטי עי"מ	א ב ג
	כח	עיבורים	א ב ג ד ה
	כט	נסירה	א ב ג ד ה ו ז ח ט
	ל	פרצופים	א ב ג ד ה ו ז
	לא	פרצופי זו"ן	א ב ג ד ה
	לב	הארת המוחין	א ב ג ד ה ו ז ח ט
	לג	אונאה	א ב ג ד ה
נוק' דז"א	לד	תיקון הנוקבא	א ב ג ד ה ו ז
	לה	הירח	א ב ג ד ה
	לו	מעוט הירח	א ב ג ד
	לז	יעקב ולאה	א ב ג ד ה
	לח	לאה ורחל	א ב ג ד ה ו ז ח ט
	לט	מ"ן ומ"ד	א ב ג ד ה ו ז ח ט י יא יב יג יד טו
	מ	פנימיות וחצוניות	א ב ג ד ה ו ז ח ט י יא יב יג יד טו
	מא	חשמל	א ב ג
אבי"ע	מב-א	דרושי אבי"ע	א ב ג ד ה ו ז ח ט י יא יב
	מב-ב	כללות אבי"ע	א ב ג ד
	מג	ציור עולמות אבי"ע	א ב ג ד
	מד	שמות	א ב ג ד ה ו ז
	מה	מקיפין	א ב ג ד
	מו	כסא הכבוד	א ב ג ד ה ו
	מז	סדר אבי"ע	א ב ג ד ה ו
	מח	קליפות	א ב ג ד
	מט	קליפת נוגה	א ב ג ד ה ו ז ח ט
	נ	קיצור אבי"ע	א ב ג ד ה ו ז ח ט י

תרשימים שער ז' פרק ה'

<u>טבלת ערכים</u>

עולמות	אדם קדמון	אצילות	בריאה	יצירה	עשיה
פרצופים	ע"י רא"א	אבא	אמא	ז"א	נוקבא
ספירות	כתר	חכמה	בינה	חג"ת בה"י	מלכות
הוי"ה	קוץ של י'	י	ה	ו	ה
אורות	יחידה	חיה	נשמה	רוח	נפש
מילוי	שורש הוי"ה	ע"ב - יוד הי ויו הי	ס"ג - יוד הי ואו הי	מ"ה - יוד הא ואו הא	ב"ן - יוד הה ור הה
טנת"א	שורשים	טעמים	נקודות	תגין	אותיות
נקודות	קמץ	פתח	צרי	סגול, שוה, חולם חיריק, קבוץ, שורוק	אין ניקוד
אדם	גולגולתא	מוח ימין	מוח שמאל	גוף וברית	עטרת היסוד
מל"ץ	מ - מקיף, יחידה	ל - מקיף, חיה	מוח	לב	כבד
שנגל"ה	שורש	נשמה	גוף	לבוש	היכל
י"ב פרצופים	ער"ן אאר"ן	או"א עלאין	ישסו"ת	זו"ן	יעו"ר
כל צמא	אורות	מוחין	צלמים	לבושים	כלים
אברים	מוח	עצמות	גידין	בשר	עור
חושים	מוח	ראיה	שמיעה	ריח	דיבור
מחצבים	א"ס	ספירות	נשמות	מלאכים	חושך
צלם	מ' מקיף ב'	ל' מקיף א'	צ' מוח	צ' לב	צ' כבד
דחצ"מ	אלוקות	מדבר	חי	צומח	דומם
יסודות	יולי	מים	אש	רוח	עפר
רקיעים	ערבות	ערבות	ערבות	מכון, מעון, זבול שחקים, רקיע	וילון
גלגלים	גלגל השכל	גלגל היומי	מזלות	ככבים	לבנה
היכלות	קודש קודשים	קודש קודשים	קודש קודשים	אהבה, זכות, רצון, נוגה, עצם השמים, לבנת הספיר	לבנת הספיר
מילוי הוי"ה		מו - וד י יי י	לז - וד י או י	יט - וד א או א	כו - וד ה ו ה
אהי"ה		קס"א - אלף הי יוד הי	קס"א - אלף הי יוד הי	קמ"ג - אלף הא יוד הא	קנ"א - אלף הה יוד הה

כליל

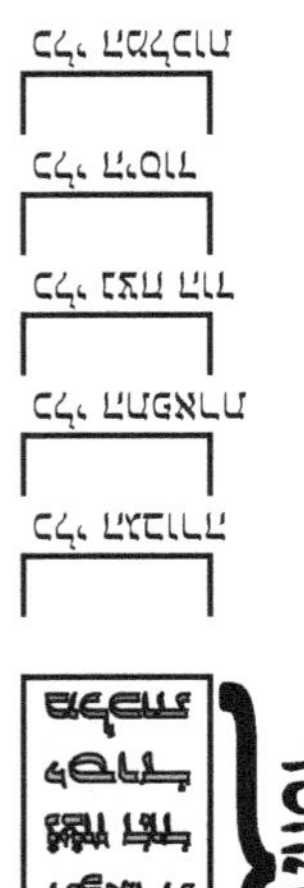

תרשים ד - ב

כליל

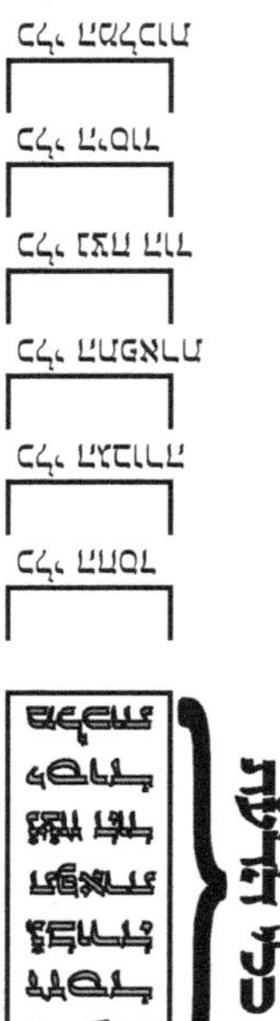

תרשים ד - א

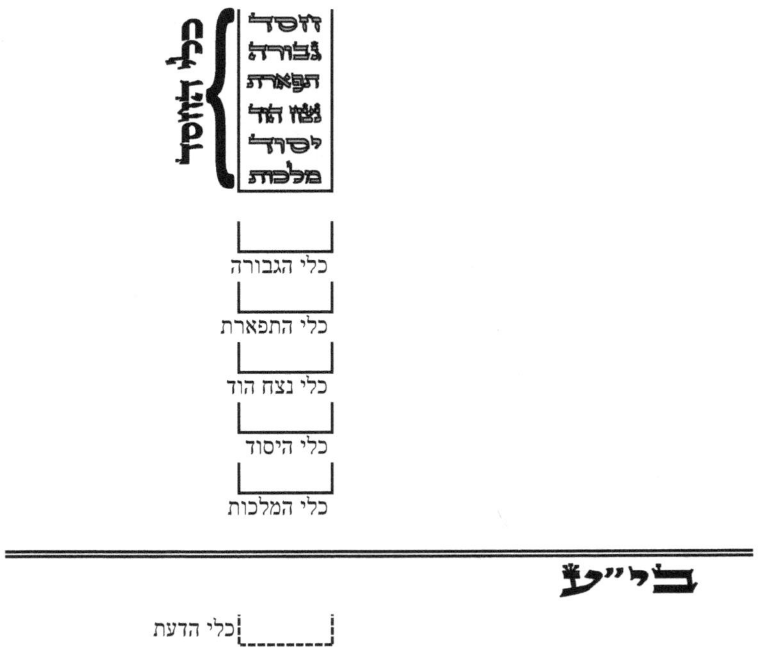

תרשׁימים שׁעַר ז׳ פּרק ה׳

תרשים ה - ג

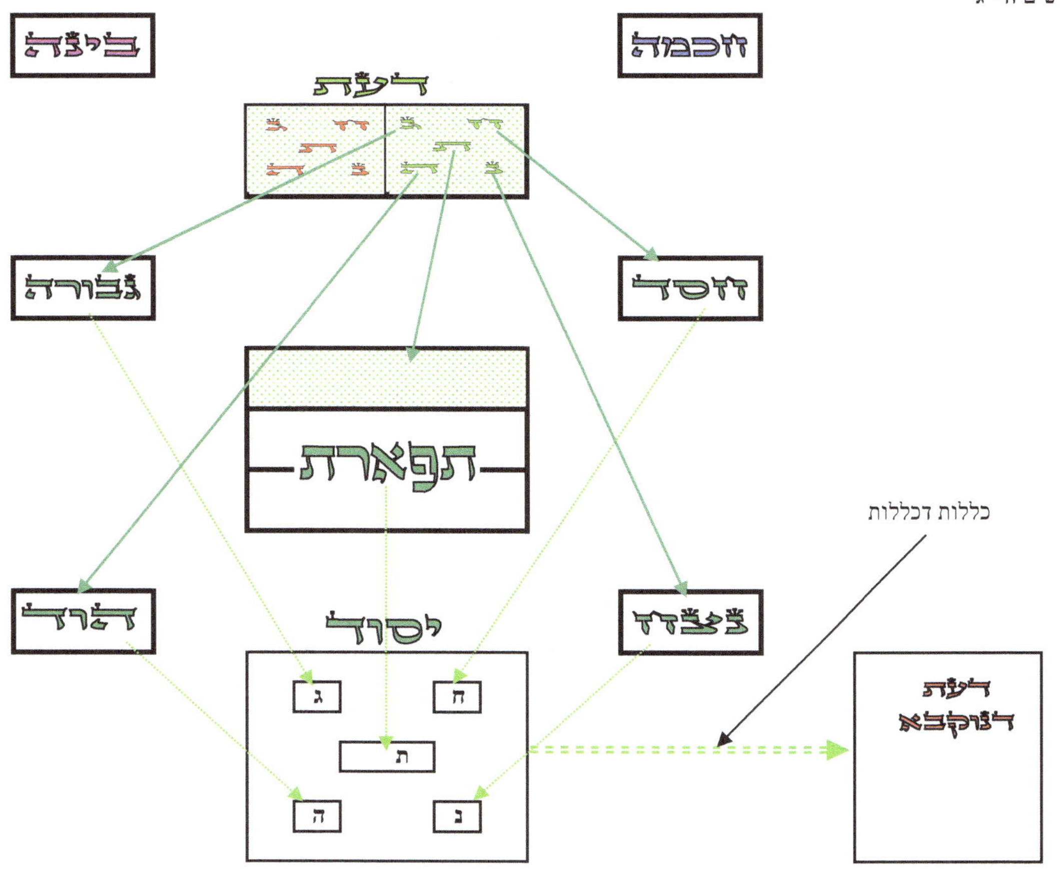

תרשים ה - ד

תרשים ה - ה

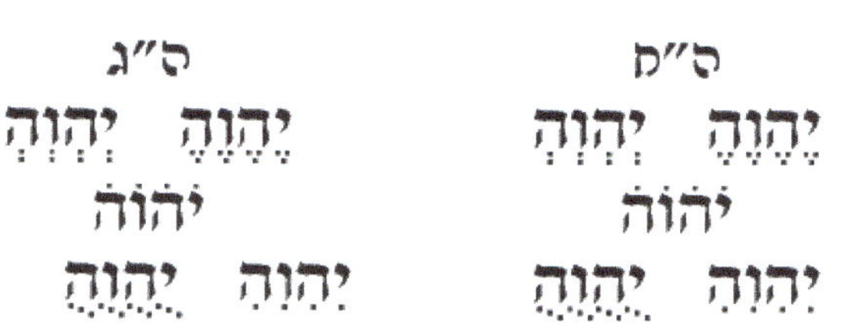

תרשימים שׁעׄר זׄ' פרק ה'

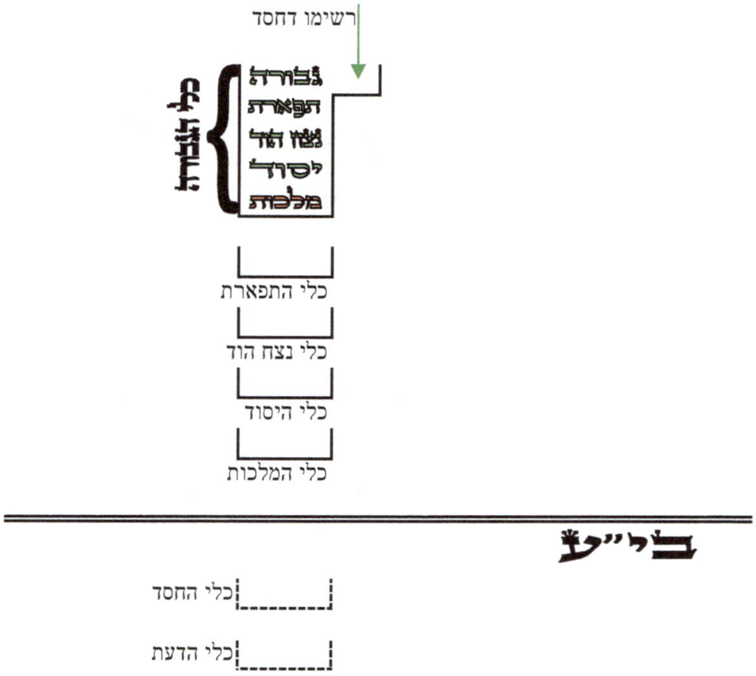

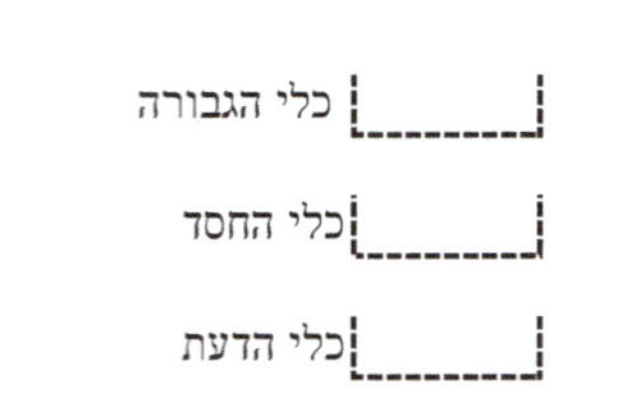

תרשׁימים שׁער זו' פרק ה'

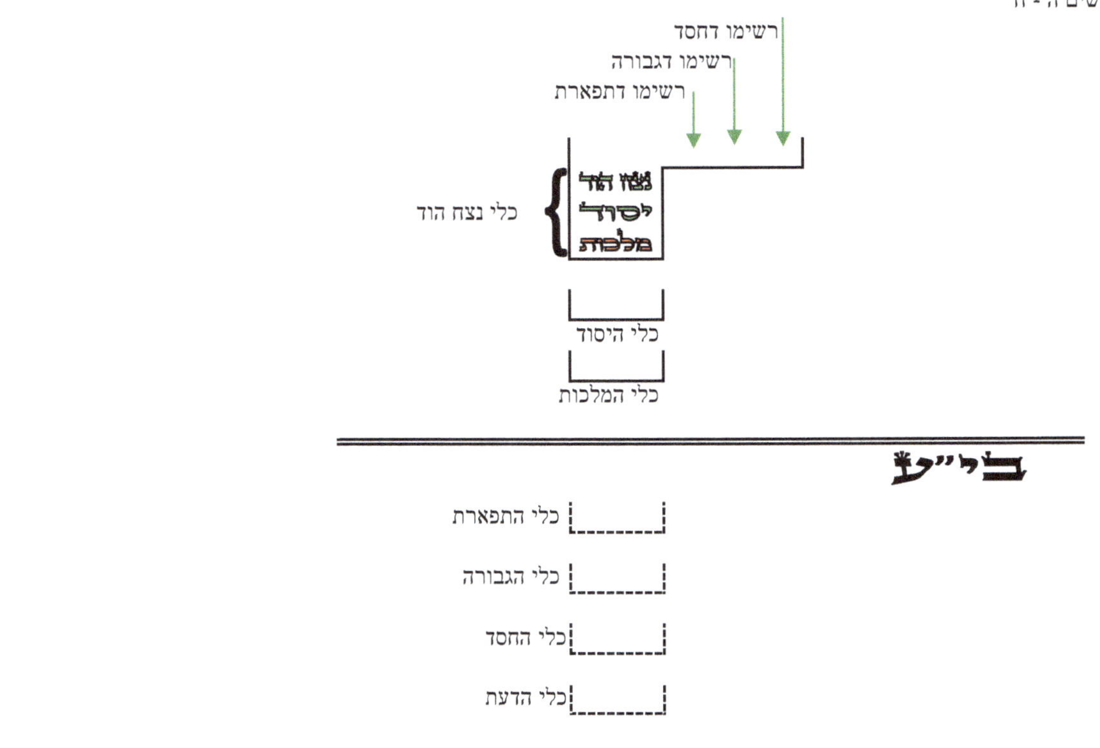

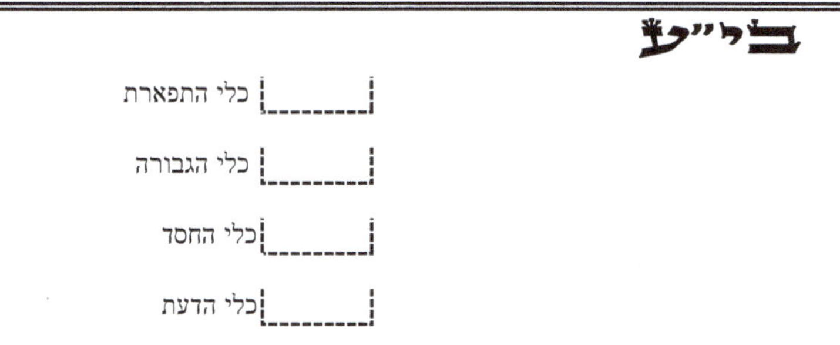

תרשימים שֹׁעַר זז' פרק ה'

תרשים ה - י

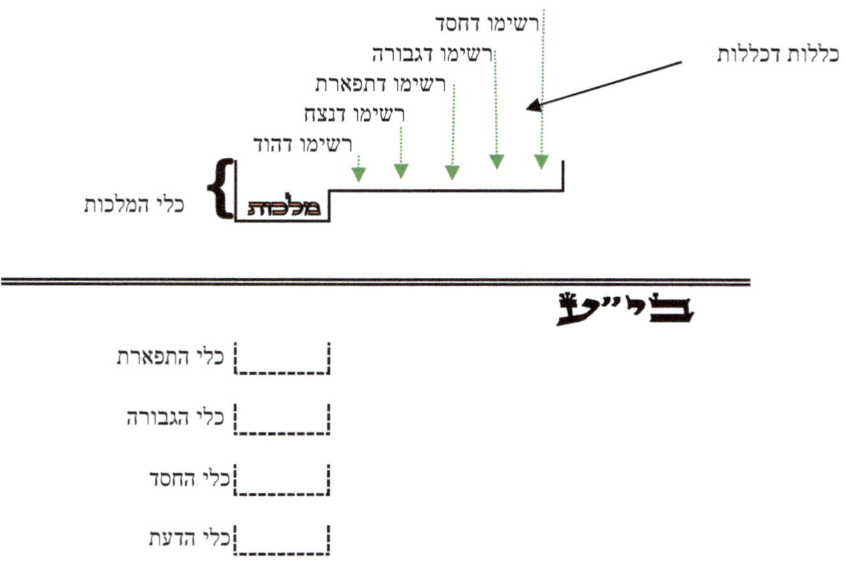